MAPIE BURKHARDT
FRANÇOISE LUTHIER

BRODERIES *en perles*

MAISONS DE VACANCES

LE TEMPS APPRIVOISÉ
7, RUE DES CANETTES
75006 PARIS

REMERCIEMENTS

Françoise et Mapie remercient de tout cœur ceux et celles qui les ont aidées pour la réalisation de ce livre.
Luce Caussemille, Pascale Gaillard et Monique Auriol pour les broderies et le montage des ouvrages.
Marie et Véronique de l'équipe Cousines et Compagnie.
Antoine pour son œil avisé et ses encadrements à l'ancienne.
Hélène Doux, enfin et surtout, qui a mis son amour et tout son temps à broder tous ces points impossibles à compter.
Alice Créations pour les supports à broder, la Maison Graziano pour les toiles, Messieurs Chang, père et fils pour les boutons.

Photographies :
Atelier du Moulin de Blandé
Photogravure : Leyre
Conception et réalisation graphique :
Laurence Maillet

Imprimé en France par Clerc

Dépôt légal : octobre 2003
ISBN : 2-283-58556-2

SOMMAIRE

GÉNÉRALITÉS

MATÉRIEL ET FOURNITURES

L'originalité de ce livre est de rajouter des perles dans la broderie à points comptés.
Nous vous proposons également des modèles adaptés aux nombreux supports à broder que vous trouverez dans le commerce pour embellir votre maison de vacances.

■ LES PERLES

Ces perles de verre sont couramment appelées perles de rocaille.
Pour s'adapter sur toutes les toiles à broder, il faut des perles à broder taille 11/0 ou 15/0. Les perles le plus fréquemment vendues dans le commerce sont trop grosses.
Nous avons précisé dans la légende de chaque modèle de ce livre la quantité de perles nécessaire pour chaque couleur.

■ LES FILS OU RUBANS À BRODER

Le plus utilisé est le coton mouliné ou perlé. Proposé en échevette dans une palette de coloris très large, le coton mouliné DMC est composé de plusieurs brins. L'échevette est divisible en six brins ; on utilise un, deux ou trois brins, suivant la grosseur de la toile. Le fil ou le ruban de soie ou les fils synthétiques (fils métallisés, etc.) apportent une originalité à l'ouvrage.

■ LES AIGUILLES

Pour la broderie à points comptés, utiliser une aiguille à perle courte à bout rond et chas long, n° 24 ou 26 pour la toile Aïda et 26 ou 28 pour la toile de lin.
Pour la broderie de perles, utiliser une aiguille à perle courte à bout rond et chas long n° 10, encore plus fine.

■ LES CISEAUX

Utiliser une paire de ciseaux à broder courts et pointus pour la broderie et une paire de ciseaux à couture plus longs pour couper toiles, bandes, rubans, croquets et galons.

■ LES TOILES

L'Aïda : son tissage forme un petit carré dans lequel on brode la croix. Cette toile existe dans différentes grosseurs, et dans des couleurs variées ; elle peut être en coton ou en lin. Nous avons utilisé dans ce livre de la toile Aïda 5,5 points au centimètre (ou 14 count à l'inch) et de la toile Aïda 7 points au centimètre (ou 16 count à l'inch) : les précisions sont apportées pour chaque modèle.

L'étamine est une toile dont le tissage fil à fil est plus régulier.
Elle existe dans différentes qualités lin ou coton, différentes grosseurs, et dans des couleurs variées. Nous avons utilisé dans nos modèles de l'étamine de lin à 6 points ou (12 fils) au centimètre et 5, 5 points ou (11 fils) au centimètre.

Les bandes à broder sont fabriquées dans différentes qualités et couleurs de toile (Aïda ou lin). Elles sont tissées avec des bordures extrêmement diverses et embellissent vos broderies sans encadrement.

Le carton perforé est un support amusant qui ne demande pas beaucoup de finitions. Il correspond à une toile de 5,5 points au cm. La broderie sur du carton n'a pas besoin d'être tendue, mais ne peut être lavée.

■ LES ACCESSOIRES

Pour apporter une touche originale, nous avons rajouté au gré de notre fantaisie quelques accessoires, boutons ou miniatures. Faites de même et laissez aller votre imagination.

BRODERIE AVEC LES PERLES

Les perles de verre utilisées dans cet ouvrage sont soit longues, soit rondes. Nous utilisons deux tailles de rondes, les plus petites sont de taille 15/0 et les autres 11/0. Les numéros indiqués dans les diagrammes montrent les couleurs du nuancier Cousines et Compagnie (voir p. 95).
La perle remplace le point de croix. Il faut fixer les perles après la broderie, car l'épaisseur de la perle vous gênerait pour faire le point de croix.
Pour broder les perles, faire un demi-point de croix avec deux brins de fil de la couleur indiquée dans le tableau d'explication de chaque diagramme. (Sortir votre aiguille en bas à gauche du point, enfiler la perle et repiquer votre aiguille en haut à droite ; recommencer ainsi de suite pour chaque perle.)
La dernière perle cousue peut vous sembler lâche, mais elle se resserrera avec le point suivant. La tension du fil est importante, vous allez vite acquérir votre rythme et trouver cette technique aussi simple qu'amusante.

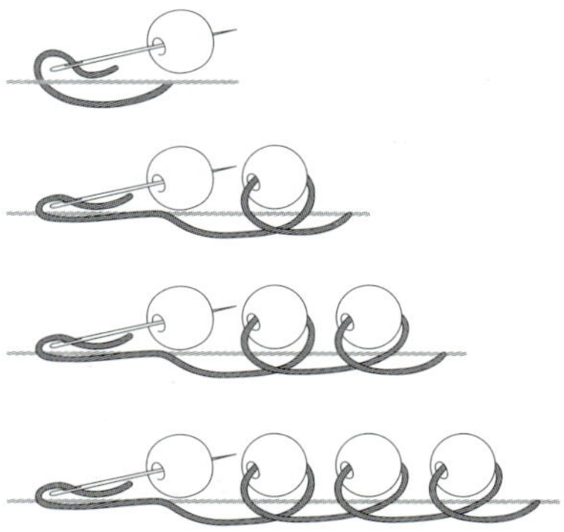

Les perles longues se fixent avec un grand point de croix, sur un point en largeur et trois en hauteur pour les fixer verticalement ; ou sur un point en hauteur et trois en largeur pour les fixer horizontalement.

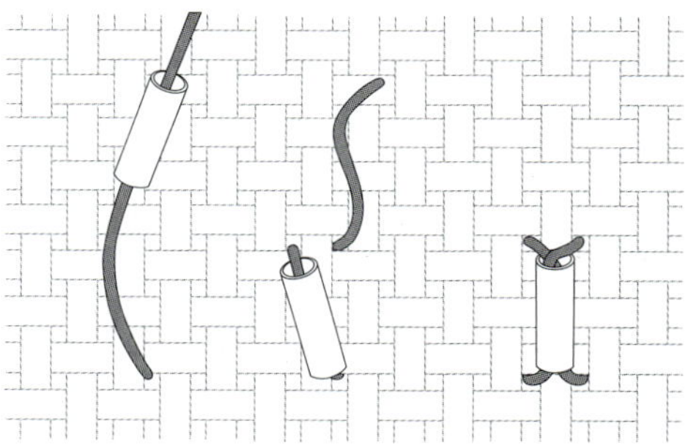

Rappelez-vous que vous brodez avec des perles de verre et qu'elles ne sont pas toutes régulières mais ce n'est pas très important. Les perles apportent relief, brillance et chatoiement à vos ouvrages. La couleur du fil utilisé pour coudre les perles est importante, la même perle prendra des nuances variées selon les différentes couleurs des fils utilisés.

perles de verres

POINTS FANTAISIE UTILISÉS

Marguerite : pour réaliser les boucles représentant les pétales des fleurs, procéder de la façon suivante : sortir l'aiguille au point autour des quatre perles qui forment le cœur, enfiler entre six et huit perles, repasser l'aiguille dans la première perle et dans le même trou.
Recommencer ainsi sept fois pour former huit pétales.

Diagramme de la marguerite

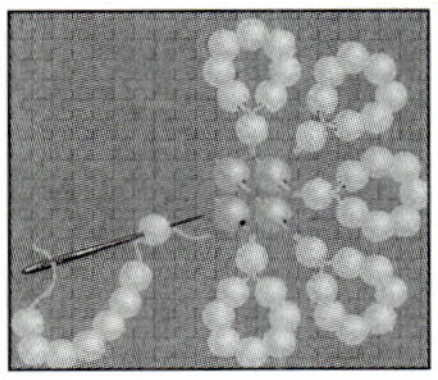

Nœud : centrer une perle qui fera le milieu, sortir l'aiguille en haut à gauche de cette première perle, enfiler dix perles et repasser l'aiguille dans la première des dix perles et dans le même trou. Puis faire un petit point entre la cinquième et la sixième perle à trois points à gauche et au-dessus de la perle centrale, pour fixer cette boucle. Faire la même chose pour la boucle de droite. Pour le pan de droite, sortir l'aiguille en bas à droite de la perle du centre, enfiler trois perles et piquer deux points vers le bas et un à droite.
Faire la même chose à gauche de la perle centrale pour le deuxième pan.

Diagramme du nœud

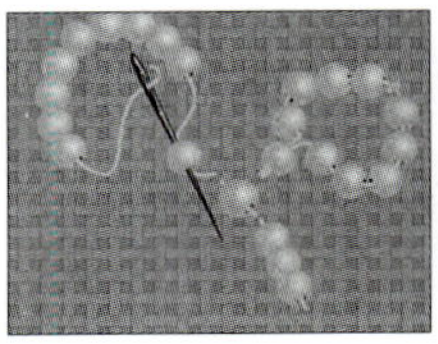

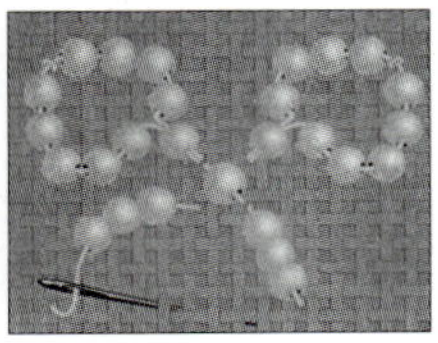

AUTRES POINTS UTILISÉS

Le point arrière sert à tracer des contours ou des lignes fines. Il se travaille souvent avec un brin de fil mouliné de moins que les points de croix et se brode de droite à gauche. (Figure 1.)

Figure 1. (Point arrière)

Le point de nœud est un point en relief. Sortir l'aiguille sur l'endroit, enrouler le fil une ou deux fois autour d'elle, puis la tirer sur l'envers.(Figure 2.)

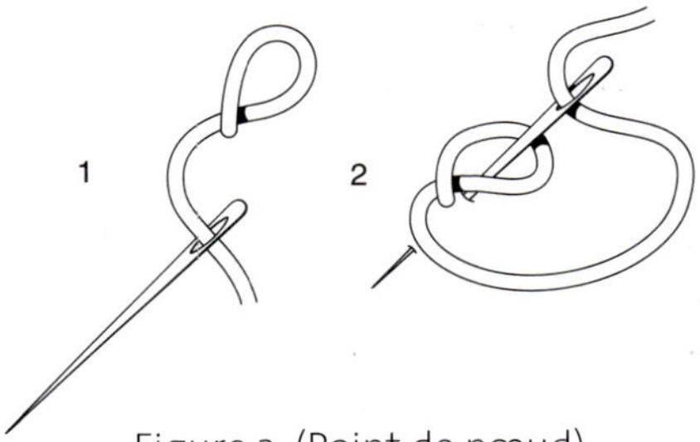

Figure 2. (Point de nœud)

PERSONNALISATION DES OUVRAGES

Dessiner au crayon le prénom, le texte ou la date à broder, sur la grille que vous aurez photocopiée à la fin du livre p. 96. Espacer régulièrement les lettres et laisser un plus grand espace entre les mots. Compter le nombre de points du texte à broder ; compter l'espace réservé à la personnalisation sur le diagramme. Calculer le milieu de chacun et placer le milieu du texte sur le milieu du diagramme.

MONTAGE ET EMBELLISSEMENT DES BRODERIES

L'entretien et l'encadrement

Laver votre ouvrage à la main avec un savon doux. Laisser sécher à plat. Mettre une serviette-éponge pliée sur la table et poser l'ouvrage dessus en repassant sur l'envers.

Pour encadrer l'ouvrage, découper un carton avec 3 cm de plus que la dimension de votre broderie, sur les quatre côtés.

Coller, à l'aide de la colle blanche, un molleton sur le carton, et le couper au ras du carton. Poser la broderie et tendre à l'aide de fil élastique de haut en bas, et de droite à gauche, de centimètre en centimètre, sur l'arrière du carton.

Vérifier que la broderie est centrée et faire de même dans l'autre sens.

CONSEILS ET ASTUCES

AVANT DE COMMENCER À BRODER

Avant de commencer à broder, supprimer les plis de la toile en la repassant.

Surfiler la toile ou faire un ourlet sur tout le tour.

Broder en commençant du centre de l'ouvrage vers l'extérieur.

Éviter de faire courir les fils sur l'envers : ils peuvent tendre la toile et être visibles sur l'endroit. Les détails au point arrière et au point de nœud, ainsi que la pose des perles et des rubans de soie, se font toujours après la broderie à points comptés

CENTRAGE DU MOTIF

Il est important de bien centrer le motif sur la toile ou entre les deux bordures de la bande à broder. Sur chaque diagramme des flèches vous indiquent le milieu de la hauteur et de la largeur, il suffit de rejoindre les deux lignes pour trouver le centre du dessin. Il faut également plier la toile en quatre pour trouver son centre et commencer à broder à cet endroit précis.

Si vous utilisez du carton perforé, déterminer le centre en traçant des diagonales.

ENFILAGE ET ARRÊT DU FIL

Couper un brin de un mètre de fil, le plier en deux, enfiler les deux bouts dans le chas de l'aiguille. Sortir l'aiguille sur le devant de la toile, faire une demi-croix et passer le fil dans la boucle sur l'arrière de la toile pour éviter de faire un nœud.

Pour arrêter, sortir l'aiguille sur l'arrière de la toile, glisser le fil sous quelques points et le couper au ras.

RÉGULARITÉ DE LA BRODERIE

Travailler de haut en bas, faire une rangée de points obliques orientés de gauche à droite, puis revenir dessus en faisant des points orientés de droite à gauche. On peut inverser cet ordre. L'important est que tous les points soient orientés dans le même sens.

Dans le cas de points isolés, broder les deux points obliques en suivant pour avancer croix par croix.

POUR APPLIQUER UNE BRODERIE EN LIN SUR UN TISSU DE FOND

Tirer un fil à égale distance sur les quatre côtés de la broderie, replier vers l'intérieur en suivant le fil tiré, repasser et épingler sur le tissu de fond.

Ne pas oublier de mettre un fond clair entre la broderie et le tissu de fond.

POUR RÉALISER UN POMPON

Couper dans du carton un carré de 4 x 4 cm.

Enrouler quarante fois le coton mouliné en six brins autour du carton.

Enlever le fil du carton. Passer six brins de coton mouliné dans la boucle du haut.

Faire un nœud pour attacher tous les brins ensemble.

Former une boule en dessous du point d'attache et enrouler du coton trois ou quatre fois.

Faire un nœud solide.

Couper la boucle du bas pour faire les franges du pompon.

POUR COLLER UN CORDONNET AUTOUR D'UNE SURFACE

Passer la colle blanche sur le cordonnet, l'appliquer sur la surface.

Fixer avec des épingles fines pour maintenir jusqu'au séchage complet.

Ambiance fleurie

Marque-page fleurs

DIMENSION :
11 points de large par 91 points de haut

FOURNITURES

- Fil Mouliné Spécial 25 DMC : vert 3364, vert 3363, saumon foncé 3778, saumon clair 3771, marron 3862, jaune 743, rose 151
- Perles à broder (les quantités sont indiquées entre parenthèses) : tournesol 4204 (18), mauve arc-en-ciel 3305 (28), rose cristal 3304 (20) et rose irisé 4301 (20)
- 50 cm de bande de lin rose 11 fils/cm en 7 cm de large
- 24 cm de bande de lin vert 11 fils/cm en 2,5 cm de large
- 50 cm de croquet en 8 mm de large

RÉALISATION

Poser la bande verte sur le croquet et coudre de chaque côté. Surfiler les deux extrémités.
Broder avec 2 brins de coton mouliné en commençant par le milieu et en vous reportant au diagramme.
Broder la tige au point arrière avec 2 brins de marron 3862. Broder ensuite les perles.
Couper la bande rose en deux morceaux. Centrer la bande verte sur une bande rose, coudre de chaque côté.
Mettre les deux bandes roses endroit contre endroit. Coudre le haut et le bas. Retourner. Repasser sur l'envers. Faire sur l'endroit une couture de chaque côté.

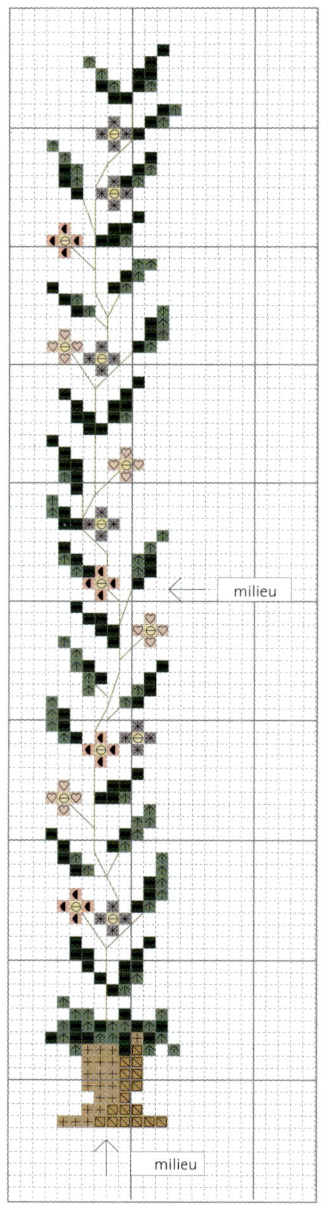

Mouliné Spécial DMC
Perles Cousines et Cie

- 3364
- 3363
- 3778
- 3771
- 3862
- Perle tournesol 4204 + jaune 743
- Perle mauve 3305 + rose 151
- Perle rose cristal 3304 + rose 151
- Perle rose irisée 4301 + rose 151

Soliflore aux papillons

FOURNITURES

- Fil Mouliné Spécial 25 DMC : blanc 5200, jaune 744, noir 310, vert 471, orange 351, mauve 554
- Perles à broder (les quantités sont indiquées entre parenthèses) : poussin 3201 (17), pêche cristal 3205 (17), prune irisée 1404 (12), mauve arc-en-ciel 3305 (35), tilleul 1605 (20), perle 4101 (22), olive 5609 (5), noire 5803 (25)
- 60 cm de cordelette de lin naturel
- Soliflore à broder « Alice créations » - Réf. 400 lin/velours

RÉALISATION

Broder avec 2 brins de coton mouliné en suivant le diagramme et en centrant les papillons entre les pointes du support.
Broder les perles.
Broder ensuite au point arrière le contour et les antennes avec 2 brins de noir 310.

Abat-jour aux fleurs

FOURNITURES

- Fil Mouliné Spécial 25 DMC : saumon 3712 (ou Coton perlé « House of Embroidery » fuchsia dégradé 49 HE), vert clair 472, vert 470, vert foncé 937, rose 3804, saumon 352, gris 648
- Perles à broder (les quantités sont indiquées entre parenthèses) : prune irisée 1404 (38), pêche cristal 3205 (200), vieil argent 5809 (24)
- 35 x 50 cm de lin saumon 10 fils/cm
- 1 m de ruban beige en 5 mm de large
- 1 m de croquet écru en 8 mm de large
- Colle blanche et colle anti-effilochures
- Un kit abat-jour collection « Feston 25 » Dominique Haym Décors

RÉALISATION

Repasser la toile de lin. Poser le polyphane de l'abat-jour sur le lin, le droit fil au milieu de l'abat-jour et dessiner le contour avec un crayon effaçable à l'eau ; marquer le milieu en hauteur avec un fil de bâti.
Broder avec 2 brins de coton mouliné en commençant par le milieu à 3,5 cm au-dessus du trait du bas de l'abat-jour en vous reportant au diagramme de l'aphabet p 15.
Broder ensuite les perles. Repasser sur l'envers.
Coller la broderie sur le polyphane et coller ensuite le croquet sur le tour du bas de l'abat-jour. Pour le montage de l'abat-jour, se référer aux explications fournies dans le kit. Le système de montage est très simple et à la portée de tous. Vous pouvez également fabriquer vous-même votre abat-jour.

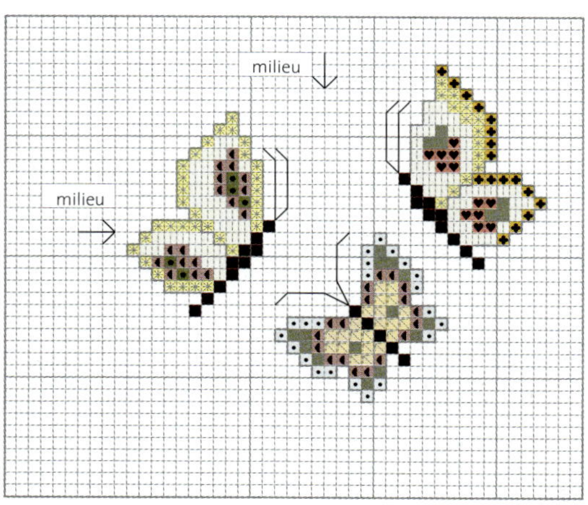

Mouliné Spécial DMC
Perles Cousines et Cie

- 5200
- 744
- 310

Pour coudre les perles : 471, 351, 554, 310

- Perle poussin 3201 + 744
- Perle pêche cristal 3205 + 351
- Perle prune irisée 1404 + 554
- Perle mauve arc-en-ciel 3305 + 554
- Perle tilleul 1605 + 471
- Perle perle 4101 + 5200
- Perle olive 5609 + 471
- Perle noire 5803 + 310

- Fuchsia dégradé 49 HE perlé ou saumon 3712
- Vert clair 472
- Vert 470
- Vert foncé 937
- Perle prune irisée 1404 + rose 3804
- Perle pêche cristal 3205 + saumon 352
- Perle vieil argent 5809 + gris 648

Alphabet aux fleurs

DIMENSION : 115 points de large par 163 points de haut

FOURNITURES

- Fil Mouliné Spécial 25 DMC : vert clair 472, vert 470, vert foncé 937, gris 648
  Pour coudre les perles : jaune 3821, saumon 352
- Coton perlé « House of Embroidery » fuchsia dégradé 49 HE perlé (ou saumon 3772)
- Perles à broder (les quantités sont indiquées entre parenthèses) : miel irisée 4202 (536), pêche cristal 3205 (306), vieil argent 5809 (177), prune irisée 1404 (18)
- 40 x 30 cm de toile de lin saumon 10 fils/cm
- 120 cm de bande de lin vert clair en 2,5 cm de large
- 55 x 110 cm de tissu imprimé
- 55 x 45 cm de molleton

RÉALISATION

Surfiler la toile de lin.
Broder avec 1 brin de coton perlé ou 2 brins de coton mouliné en commençant par le milieu et en vous reportant au diagramme. Broder ensuite les perles.
Tirer 1 fil de toile de lin à 1,5 cm vers l'extérieur du motif de broderie.
Couper l'excédent de lin à 1,5 cm après le fil tiré.
Replier les quatre côtés du lin vers l'intérieur et repasser la broderie sur l'envers. Préparer la bande de lin vert en faisant correspondre les angles aux angles de la toile à broder. Coudre les angles en diagonale sur l'envers. Poser la broderie sur le tour de la bande de lin vert ; bâtir.
Découper 2 rectangles de 50 x 42 cm dans le tissu imprimé et 1 rectangle de molleton de 26 x 34 cm.
Centrer la broderie sur le tissu imprimé en laissant 7 cm de chaque côté. (Voir conseils et astuces p. 9.)
Piquer la broderie sur le tissu sur le tour extérieur du lin rose et du lin vert ; enlever les points de bâti.
Découper quatre morceaux de 12 cm de lin vert pour les pattes d'attache. Plier chaque patte en 2 et les répartir sur l'endroit de l'ouvrage.
Poser le dos imprimé endroit contre endroit sur le devant, mettre le molleton par-dessus et coudre les 3 épaisseurs ensemble sur tout le tour en laissant une ouverture de 10 cm dans le bas. Cranter les coins. Retourner et fermer l'ouverture à points invisibles.
Enfiler une branche dans les attaches pour suspendre le panneau.

Mouliné Spécial DMC
Perles Cousines et Cie

Fuchsia dégradé 49 HE perlé
Vert clair 472
Vert 470
Vert foncé 937
Pour coudre les perles : jaune 3821 et saumon 352
Perle miel irisée 4202 + jaune 3821
Perle pêche cristal 3205 + saumon 352
Perle vieil argent 5809 + gris 648
Perle prune irisée 1404 + saumon 352

milieu
milieu

Panier à serviettes

DIMENSION D'UN MOTIF : 93 points de large par 17 points de haut

FOURNITURES

- Fil Mouliné Spécial 25 DMC : saumon foncé 3064, saumon clair 950, vert clair 3364, vert foncé 3345, blanc 5200, jaune 744, rose 3733
- Perles à broder (les quantités sont indiquées entre parenthèses) : petite verte 6609 (110), miel 4202 (32), poussin 3201 (32), cognac arc-en-ciel 3405 (68), petite perle 6101 (28), petite ivoire 6109 (32), rose cristal 3304 (24), rose irisée 4301 (22)
- 80 cm de bande de lin vert 11 fils/cm en 2,5 cm de large
- 80 cm de bande de lin ficelle 11 fils/cm en 4 cm de large
- 160 cm de croquet ivoire en 0,8 cm de largeur
- 1 panier à serviettes en raphia

RÉALISATION

Adapter la longueur des bandes à broder au périmètre de votre panier. Superposer les bandes de 2 mm. Bâtir. Poser le croquet sur le faufil. Piquer. Fermer la bande par une couture. La présenter autour du panier et faire un repère sur chaque angle pour marquer la longueur des quatre côtés. Broder avec 2 brins de coton mouliné sur 2 fils de toile en centrant le motif et en vous reportant au diagramme.
Broder au point arrière les tiges des fleurs avec 1 brin vert clair 3364. Broder les écritures au point arrière avec 2 brins de vert 3345 en vous reportant à l'alphabet 2 p. 92. Le nom de la maison est brodé sur la bande de lin vert. Broder ensuite les perles. Poser la bande autour du panier.

3064
950
3364
3364
3345
Pour coudre les perles : blanc 5200, jaune 744, rose 3733
Petite perle verte 6609 + 3345
Perle miel 4202 + 744

Perle poussin 3201 + 744
Perle cognac arc-en-ciel 3405 + 3064
Petite perle 6101 + 5200
Petite ivoire 6109 + 5200
Perle rose cristal 3304 + 3733
Perle rose irisée 4301 + 3733

Mouliné Spécial DMC
Perles Cousines et Cie

un peu... beaucoup... passionnément... à la folie...
Le Clos Fleuri
Le Clos Fleuri

Coussin pour chaise longue

DIMENSION : 201 points de large par 78 points de haut

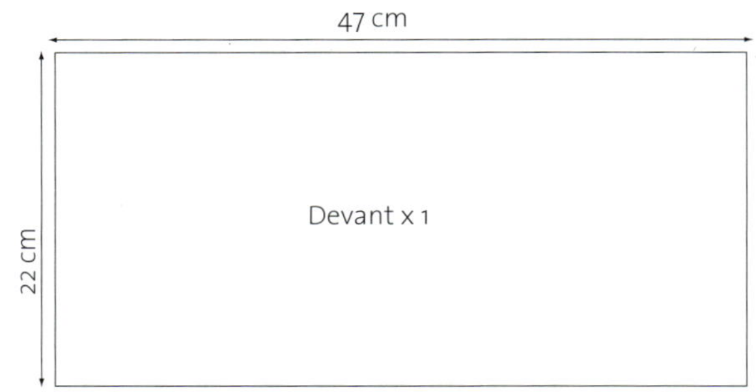

FOURNITURES

- Fil Mouliné Spécial 25 DMC : vert-gris 524, vert 3052, vert foncé 3345, rose 3354, blanc 5200, mauve 155, violet 333 (pour coudre les perles)
- Perles à broder (les quantités sont indiquées entre parenthèses) : perle 4101 (427), irisée transparente 4900 (384), mauve arc-en-ciel 3305 (456), vieux rose 1302 (113)
- 100 x 25 cm de toile de lin naturel 11 fils/cm
- 100 x 25 cm de tissu écru (pour le coussin intérieur)
- 130 cm de cordonnet de lin naturel
- 150 cm de croquet écru en 8 mm de large
- 250 g d'ouatine (pour le bourrage)
- 2 pressions

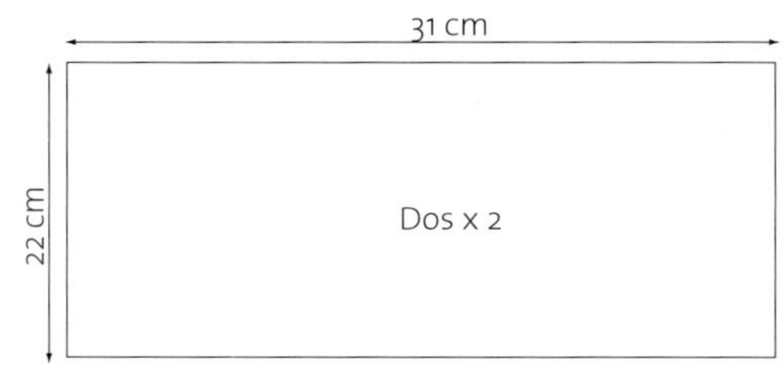

RÉALISATION

Housse pour coussin de chaise

Couper un rectangle de 47 cm de large par 22 cm de hauteur pour le devant et deux rectangles de 22 cm de haut et 31 cm de large pour le dos.

Poser le croquet sur l'endroit tout autour du devant (en mettant les angles vers l'intérieur). Coudre.

Broder avec 2 brins de coton mouliné en commençant par le milieu et en vous reportant au diagramme.

Personnaliser en vous reportant à l'alphabet 5 p. 94, et broder au point arrière avec 2 brins de vert-gris 524 les tiges de lavande.

Broder ensuite les perles. Faire un ourlet à chaque extrémité des deux rectangles du dos, les superposer à la dimension de 47 x 22 cm. Couper le cordonnet de lin en deux et faire un nœud à chaque bout. Les poser dans les angles du haut sur l'endroit de la broderie. Superposer les dos endroit contre endroit sur le devant. Coudre tout le tour. Retourner. Coudre les pressions.

Coussin intérieur

Couper deux carrés de coton blanc de 42 x 22 cm. Coudre tout le tour en laissant une ouverture ; retourner ; bourrer ; fermer à petits points. Mettre le coussin dans la housse.

Mouliné Spécial DMC

Perles Cousines et Cie

- 524
- 3052
- 3345
- 3354
- 524

Pour coudre les perles : blanc 5200, 155, 333

- Perle perle 4101 + 5200
- Perle irisée transparente 4900 + 155
- Perle mauve arc-en-ciel 3305 + 333
- Perle vieux rose 1302 + 3354

Boîte à malice

DIMENSION D'UN MOTIF DE FRISE : 54 points de large par 10 points de haut
DIMENSION DU COUVERCLE : 73 points de large par 73 points de haut

FOURNITURES

Tour du couvercle

- 70 cm de bande de lin vert, 11 fils au cm en 2 cm de large
- 140 cm de croquet ivoire largeur 0,8 cm

Dessus du couvercle

- Fil Mouliné Spécial 25 DMC : vert 524, vert foncé 3345, vert foncé 3052, vert-jaune 3347, blanc 5200, marron 3860, mauve 155, jaune 3820
- Perles à broder (les quantités sont indiquées entre parenthèses) : tilleul 1605 (28), vert pomme 1606 (30), épinard 1607 (33), émeraude 1608 (27), irisée transparente 4900 (64), mauve arc-en-ciel 3305 (78), miel irisée 4202 (140), petite perle 6101 (67), petite ivoire irisée 6109 (10)
- 27 x 27 cm de lin naturel, 11 fils au cm
- 17 x 17 cm de molleton (à adapter à la taille de la boîte si besoin)
- 17 x 17 cm de carton (à adapter à la taille de la boîte si besoin)
- Colle blanche
- 1 boîte à couvercle en raphia

524	Perle tilleul 165 + 3347
3345	Perle vert pomme 1606 + 3345
3052	Perle épinard 1607 + 3345
3347	Perle émeraude 1608 + 3345
5200	Perle iris transparent 4900 + 155
3860	Perle mauve arc-en-ciel 3305 + 333
3345	Perle miel irisé 4202 + 3820
3052	Perle petite perle 6101 + 5200
5200	Perle petite ivoire irisé 6109 + 3820

RÉALISATION

Avant de commencer, adapter la taille du carré de lin et la longueur de la bande à la dimension et au périmètre du support.

Dessus du couvercle

Tirer un fil sur les quatre côtés de la toile pour déterminer la dimension exacte du dessus du couvercle. Surfiler. Broder avec 2 brins de coton mouliné en commençant par le milieu et en vous reportant au diagramme.

Broder au point arrière avec 2 brins :

- les tiges du muguet en vert 3345,
- les lavandes en vert 3052,
- les écritures en blanc 5200.

Repasser sur l'envers. Découper le carton aux dimensions du couvercle. Coller le molleton sur le carton. Centrer la broderie sur le carton et tendre (voir explications, p. 8). Coller le tout sur le couvercle de la boîte.

Tour du couvercle

Bâtir la bande sur le croquet en haut et en bas, les coudre ensemble.

Repérer l'endroit de couture de fermeture de la bande et commencer à broder la tige au point arrière avec 2 brins de marron 3860 en répétant le motif du diagramme sur la longueur et en le centrant au milieu de la bande. Coudre ensuite les perles.

Faire la couture pour fermer.

Poser autour du couvercle.

Mouliné Spécial DMC

Perles Cousines et Cie

Suspension florale

DIMENSION D'UN MOTIF :
15 points de large par 70 points de haut

DIMENSION DES ÉCRITURES :
146 points de large par 39 points de haut

FOURNITURES

- Fil Mouliné Spécial 25 DMC : vert 470, vert foncé 469, rose 3687, blanc 5200 pour coudre les perles
- Un soliflore mural en lin à broder « Alice Créations » (Réf. lin vague)
- Perles à broder (les quantités sont indiquées entre parenthèses) : petite or transparente 6909 (43), petite verte 6609 (209), petite mauve arc-en-ciel 6309 (163), petite bordeaux 6408 (52), petite perle 6101 (432)

RÉALISATION

Pour éviter de piquer le dos du support en brodant les poches, nous vous recommandons de couper un carton à la même dimension et de le glisser à l'intérieur avant de commencer à broder.
Broder avec 2 brins de coton mouliné sur 1 fil de toile en centrant chaque motif de fleur au milieu de chaque poche et en vous reportant au diagramme.
Broder ensuite les perles.
Pour faire les marguerites, enfiler 6 petites perles « perle 6101 » pour chaque pétale (voir « Broderie avec les perles, p. 6.)
Si vous avez des difficultés à broder, découdre les séparations du vase et les recoudre quand la broderie est terminée.

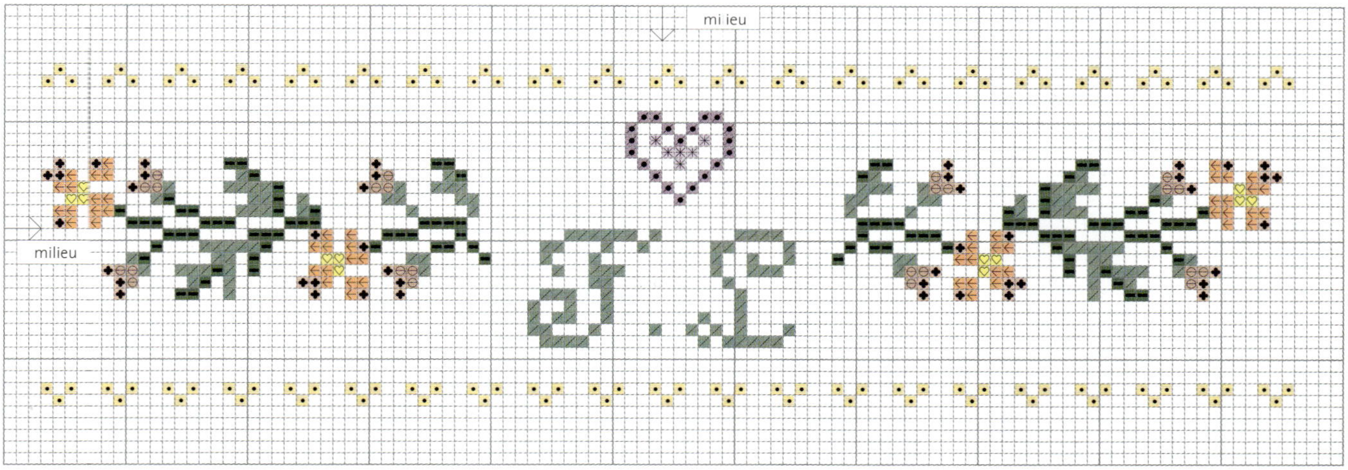

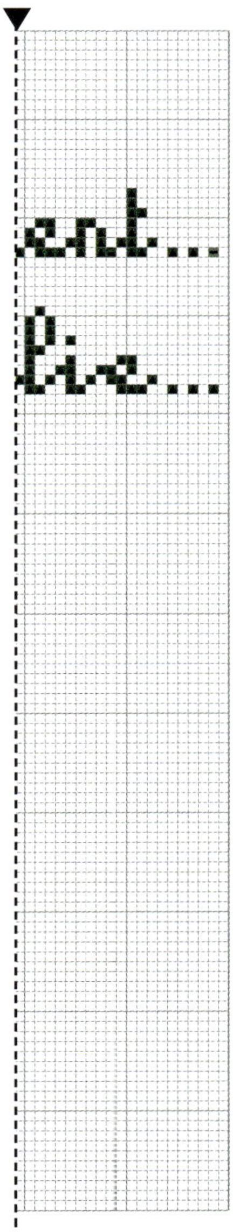

Mouliné Spécial DMC

Perles Cousines et Cie

- 470
- 469

Blanc pour coudre les perles

- Petite perle or transparente 6909 + blanc
- Petite perle verte 6609 + 470
- Perle petite mauve arc-en-ciel 6309 + 3687
- Perle petite bordeaux 6408 + 3687
- Point d'attache de la boucle avec 6 petites perles perle 6101 + blanc pour faire les pétales des marguerites

- 554
- 3354
- 472
- 470

5200, 745 pour coudre les perles

- 4101 + 5200
- 3201 + 745
- 3304 + 3354
- 3305 + 554
- 1302 + 3354

Trousse

DIMENSION : 103 points de large par 29 points de haut

FOURNITURES

- Fil Mouliné Spécial 25 DMC : mauve 554, rose 3354, vert clair 472, vert 470. Pour coudre les perles : blanc 5200, jaune 745
- Perles à broder (les quantités sont indiquées entre parenthèses) : perle 4101 (108), poussin 3201 (9), rose cristal 3304 (35), mauve arc-en-ciel 3305 (20), vieux rose 1302 (18)
- Une trousse lin rustique « Alice Créations » (163 lin vague)

RÉALISATION

Broder avec 2 brins de coton mouliné en commençant par le milieu et en vous reportant au diagramme.

Broder les initiales en vous reportant à l'alphabet aux fleurs, p. 15.

Broder ensuite les perles.

CUISINE D'AUTREFOIS

Corbeille à viennoiseries

DIMENSION D'UN CÔTÉ DE CORBEILLE : 100 points de large par 17 points de haut

FOURNITURES

- Fil Mouliné Spécial 25 DMC : blanc 5200, jaune 744, vert 3346, vert foncé 3345, rouge clair 347, rouge 815, pourpre 154, gris foncé 3799, marron 801, gris 414
- Perles à broder (les quantités sont indiquées entre parenthèses) : rubis 1405 (16), petite verte 6609 (56), rouge 1401 (28), miel 4202 (20), petite perle 6101 (254)
- 40 x 40 cm de tissu imprimé
- 40 x 40 cm de tissu écru
- 40 x 40 cm de molleton
- 85 cm de bande Aïda écrue 5,5 points/cm
- 2 m de biais écru
- 1 bouton « croissant »

RÉALISATION

Couper la bande Aïda en quatre morceaux de 20 cm et faire un ourlet aux 2 extrémités de chaque morceau. Broder chaque bande avec deux brins de coton mouliné en commençant par le milieu et en suivant le diagramme.
Broder au point arrière :
- avec 1 brin de gris 414 les pots de confiture ;
- avec 2 brins de marron 801 les queues des cerises. Broder ensuite les perles.

■ *Voir grille page 26*

COUTURE

Poser le tissu imprimé sur le molleton. Superposer le tissu uni endroit contre endroit sur le tissu imprimé et découper en suivant le dessin. Glisser les quatres bandes, le côté brodé endroit contre endroit sur le tissu uni, en les centrant sur les quatres côtés horizontaux. Faufiler. Superposer le tissu uni et le molleton. Coudre ainsi chaque côté horizontal. Retourner et repasser. Faire une piqûre sur les côtés en diagonale.
Couper le biais en quatre morceaux de 50 cm. Pour faire les attaches : poser le milieu du biais au centre d'un côté en diagonale et faufiler. Coudre le biais en commençant et en finissant par un rentré. Faire de même pour les trois autres côtés. Faire les nœuds. Pour maintenir les quatre plis, faire une piqûre de 2 cm de hauteur au bas de chaque coin de la corbeille.

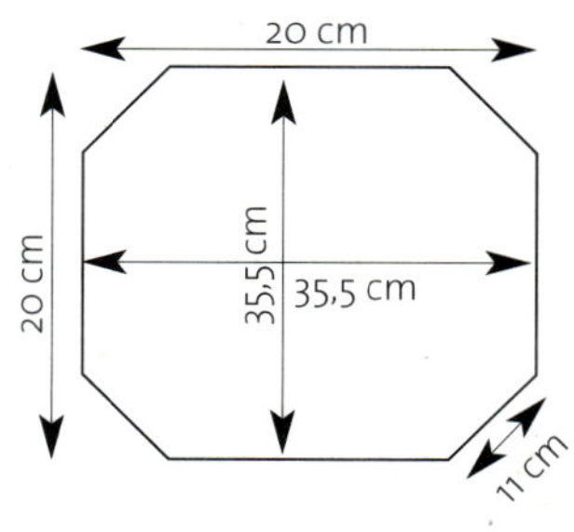

pour faire des confitures
de fraises, cerises, mûres,
partez dans la nature
cueillir des fruits mûrs
fraise
mûre
cerise
Bon Appétit

Légende corbeille à viennoiseries

- 5200
- 744
- 3346
- 3345
- 347
- 815
- 154
- 3799
- 801
- Perle rubis 1405 + 815
- Perle petite verte 6609 + 3346
- Perle rouge 1401 + 815
- Perle miel 4202 + 744
- Perle petite perle 6101 + 5200

Légende dessus de pots de confiture

- 3346
- 3345
- 801
- 801
- 902
- 817
- 815

5200 pour coudre les perles

- Perle petite or transparente 6909 + 5200
- Perle rouge antique 2401 + 815
- Perle bordeaux antique 2409 + 815
- Perle bleu nuit antique 2709 + 902
- Perle petite bordeaux 6408 + 817
- Perle petite bordeaux 6408 + 815
- Perle petite perle 6101 + 5200

Dessus de pots de confiture

DIMENSION CERISES :
48 points de large par 51 points de haut
DIMENSION FRAISES :
40 points de large par 30 points de haut
DIMENSION MÛRES :
40 points de large par 40 points de haut

FOURNITURES

- Fil Mouliné Spécial 25 DMC : vert 3346, vert foncé 3345, marron foncé 801, bordeaux 902, rouge 817, rouge 815, blanc 5200
- Perles à broder (les quantités sont indiquées entre parenthèses) : petite or transparente 6909 (12), rouge antique 2401 (34), bordeaux antique 2409 (98), bleu nuit antique 2709 (163), petite rouge 6409 (204), petite bordeaux 6408 (143), petite perle 6101 (8)
- 25 x 25 cm de toile Aïda ivoire ou chinée 7 points/cm pour un dessus
- 25 cm d'élastique souple de 3 mm de large
- 60 cm de biais : cerises = rouge vif, mûres = vert foncé, fraises = rouge foncé

RÉALISATION

Sur la toile Aïda, dessiner un rond de 18 cm de diamètre et, à l'intérieur, un rond de 12 cm de diamètre. Après avoir découpé le rond de 18 cm, poser le biais tout autour. Broder avec 2 brins de coton mouliné sur le côté non dessiné en commençant par le milieu et en vous reportant au diagramme.
Broder les écritures au point arrière avec 2 brins :
- les fraises en rouge 815 ,
- les cerises en rouge 817,
- les mûres en bordeaux 902.
Broder avec 1 brin les queues des fruits en marron 801. Broder ensuite les perles, repasser sur l'envers. Coudre l'élastique avec un point zigzag sur le tracé du rond intérieur.

Mouliné Spécial DMC
Perles Cousines et Cie

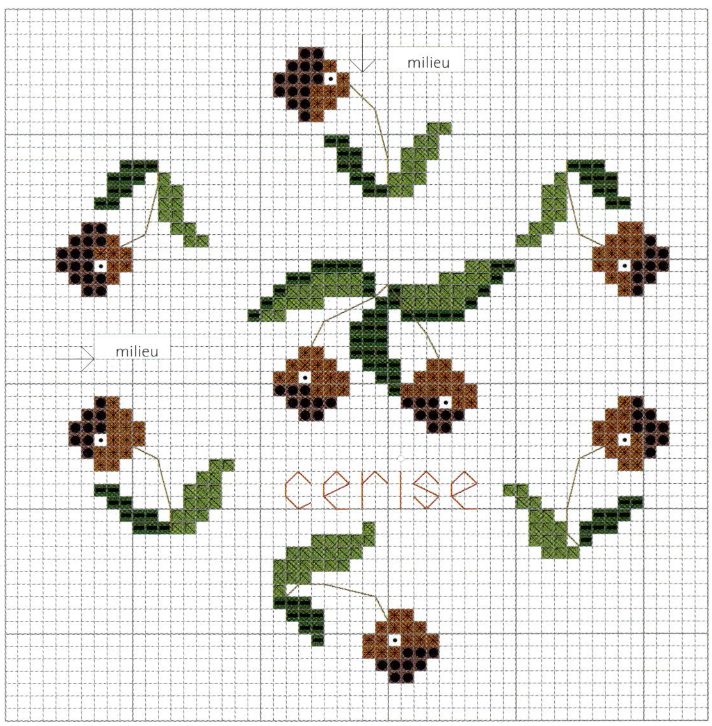

Pour faire des confitures

DIMENSION :
108 points de large par 80 points de haut

FOURNITURES

- Fil Mouliné Spécial 25 DMC : vert 3346, vert foncé 3345, marron foncé 801, blanc 5200, pourpre 154, rouge 347, rouge 815, rouge foncé 814, gris 414
- Perles à broder (les quantités sont données entre parenthèses) : cerise 1402 (88), grenat 1403 (58), rouge antique 2401 (20), rouge 1401 (138), rubis 1405 (114), perle 4101 (10), bleu nuit antique 2709 (88), petite perle 6101 (266), petite verte 6609 (67)
- 30 x 28 cm de toile Aïda écrue 5,5 points/cm
- 16 x 23 cm de molleton
- Un cadre pense-bête

RÉALISATION

Surfiler la toile Aïda.
Broder avec 2 brins de coton mouliné en commençant par le milieu et en vous reportant au diagramme.
Broder au point arrière avec 2 brins les queues des cerises et des mûres en marron 801.
Broder avec 1 brin les pots de confiture en gris 414. Broder les écritures au point arrière avec 2 brins de pourpre 154.
Broder ensuite les perles.
Repasser sur l'envers.
Tendre l'ouvrage et l'encadrer (voir explications, p. 8).

Mouliné Spécial DMC

Perles Cousines et Cie

- 3346
- 3345
- 801
- 5200
- 154
- 347
- 815
- 801
- 154
- 414
- Perle cerise 1402 + 815
- Perle grenat 1403 + 814
- Perle rouge antique 2401 + 815
- Perle rouge 1401 + 815
- Perle rubis 1405 + 814
- Perle perle 4101 + 5200
- Perle bleu nuit antique 2709 + 154
- Perle petite perle 6101 + 5200
- Perle petite verte 6609 + vert 3346

JARDIN BUCOLIQUE

Au jardin

DIMENSION D'UN CARRÉ :
33 points de large par 32 points de haut

DIMENSION DU TABLEAU :
99 points de large par 96 points de haut

FOURNITURES

- Fil Mouliné Spécial 25 DMC : gris foncé 3799, gris 646, gris clair 648, jaune 743, vert 989, marron clair 434, marron 433, marron glacé 3790, marron foncé 898, blanc 5200, bleu ciel 157, vert foncé 3345, ocre 3852, écru 712, beige 739, marron-gris 642, bleu 793, rouge 498, noir 310
- Perles à broder (les quantités sont indiquées entre parenthèses) : ébène 1503 (57), olive 5609 (12), rubis 1405 (115) saumon irisée 4207 (23), tournesol 4204 (66), rouge 1405 (82), paprika 1207 (33), bleu lavande irisé 4707 (28), noisette 1502 (88), plomb antique 2801 (74), noire 5803 (47), perle 4101 (10)
- 20 x 25 cm de toile de lin à carreaux naturel et blanc 10 fils/cm
- 25 cm de bande de lin blanc-écru de 2,5 cm de large
- Un bouton « oiseau »
- Un chapeau de paille miniature : diamètre 4 cm
- Une mini-tringle à rideaux

RÉALISATION

Surfiler le haut et le bas de la bande à carreaux. Broder les motifs avec 2 brins de coton mouliné en commençant par le milieu du diagramme de chaque carré.
Broder les lettres au point arrière avec 2 brins de vert 3345.
Broder au point arrière avec 1 brin :
- les papillons en noir 310 ,
- le puits en marron 3790,
- la roue de la brouette en gris foncé 3799,
- les rayons de la brouette en gris 646,

Broder avec 2 brins :
- les pattes des coccinelles et le crochet du puits en noir 310,
- le râteau en gris 646,
- les queues des cerises et la corde du puits en marron 434.

Broder ensuite les perles. Retourner et faire l'ourlet en haut et en bas de la bande et coudre à petits points.
Pour confectionner les attaches, couper la bande étroite blanc-écru en deux. Surfiler les extrémités, les plier en deux, les coudre au dos de la bande à carreaux à égale distance des bords de la bande.
Repasser sur l'envers.
Coudre les boutons et les accessoires.

■ *Voir grille page suivante*

Au jardin
Bête à Bon Dieu
Bête à Bon Dieu

Mouliné Spécial DMC

Perles Cousines et Cie

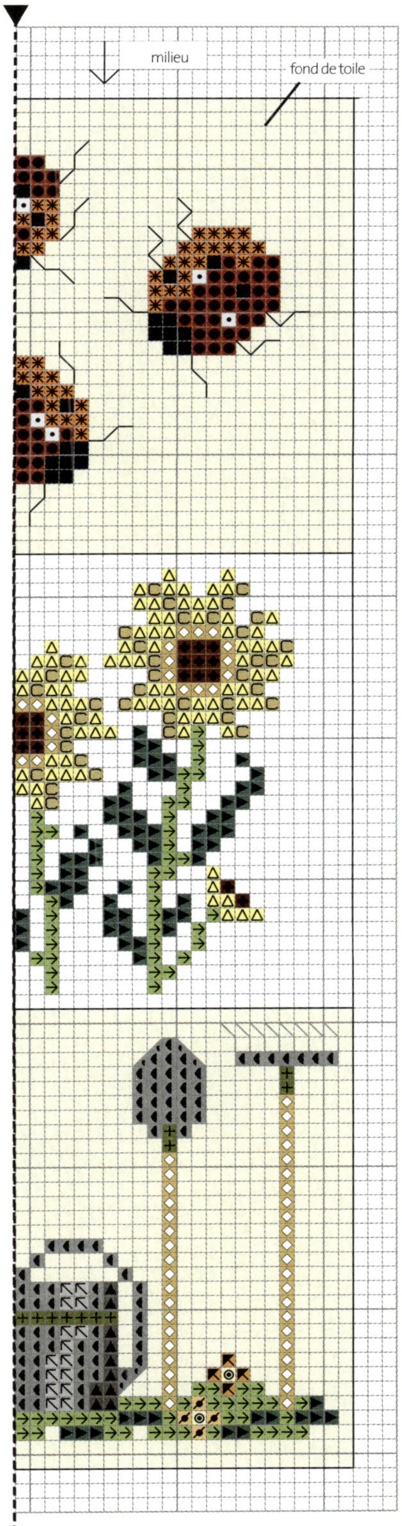

- 3799
- 646
- 648
- 743
- 989
- 434
- 433
- 898
- 5200
- 157
- 3345
- 3852
- 712
- 739
- 642
- 793

Rouge 498 pour coudre les perles

- Perle ébène 1503 + 898
- Perle olive 5609 + 3345
- Perle saumon irisé 4207 + 739
- Perle tournesol 4204 + 743
- Perle rouge 1401 + 498
- Perle rubis 1405 + 498
- Perle paprika 1207 + 3852
- Perle bleu lavande irisé 4707 + 157
- Perle noisette 1502 + 434
- Perle plomb antique 2801 + 3799
- Perle noir 5803 + 310
- Perle perle 4101 + 5200

- 3799
- 646
- 3345
- 3790
- 310

Mini-cadre : Tournesol

DIMENSION :
43 points de large par 31 points de haut

FOURNITURES

- Fil Mouliné Spécial 25 DMC : jaune 743, vert 989, vert 3348, vert foncé 3346, ocre 3852, marron 839
- Perles à broder (les quantités sont indiquées entre parenthèses) : ébène 1503 (8), petite verte 6609 (24)
- 8 x 10 cm de toile Aïda de lin naturel 7 points/cm
- 10 x 10 cm de carton blanc
- 50 cm de cordonnet de lin naturel
- 1 cadre en mousse en forme de fleur
- Colle blanche

RÉALISATION

Broder avec 2 brins de coton mouliné en commençant par le milieu et en vous reportant au diagramme.
Broder ensuite les perles, repasser sur l'envers. Découper deux cartons en forme de fleur suivant le patron joint.
Coller le molleton sur le carton ; découper la toile Aïda à 1,5 cm tout le tour et cranter ; rabattre le tout sur l'envers et coller.
Coller le cadre sur la broderie.
Couper 10 cm de cordonnet, le plier en deux et le coller en haut et au dos de la fleur pour la suspension.
Pour une bonne finition, coller le deuxième carton sur le dos, puis coller le cordonnet de lin tout autour.

Mini-cadre : Bête à Bon Dieu

DIMENSION :
43 points de large par 31 points de haut

FOURNITURES POUR UN CADRE

- Fil Mouliné Spécial 25 DMC : jaune 743, vert 989, vert 3348, vert foncé 3346, noir 310, rouge 817 et 498 (pour coudre les perles)
- Perles à broder (les quantités sont indiquées entre parenthèses) : petite perle 4101 (2), noir 5803 (11), petite bordeaux 6408 (32), petite rouge 6409 (20), petite verte 6609 (24)
- 15 x 15 cm de toile Aïda de lin naturel 7 points/cm
- 50 cm de cordonnet de lin naturel
- 10 x 20 cm de carton blanc
- 1 cadre en mousse forme cœur
- Colle blanche

RÉALISATION

Broder avec 2 brins de coton mouliné en commençant par le milieu et en vous reportant au diagramme.
Broder au point arrière avec 2 brins de coton noir 310 les écritures et la coccinelle. Broder ensuite les perles, repasser sur l'envers.
Coudre le bouton. Découper deux cartons en forme de cœur suivant le patron joint.
Coller le molleton sur le carton. Découper la toile Aïda à 1,5 cm sur tout le tour, cranter.
Rabattre le tout sur l'envers et coller. Coller le cadre sur la broderie.
Couper 10 cm de cordonnet, plier en deux et le coller en haut au dos du cœur pour la suspension. Pour une bonne finition, coller le deuxième carton sur le dos et le cordonnet de lin tout autour.

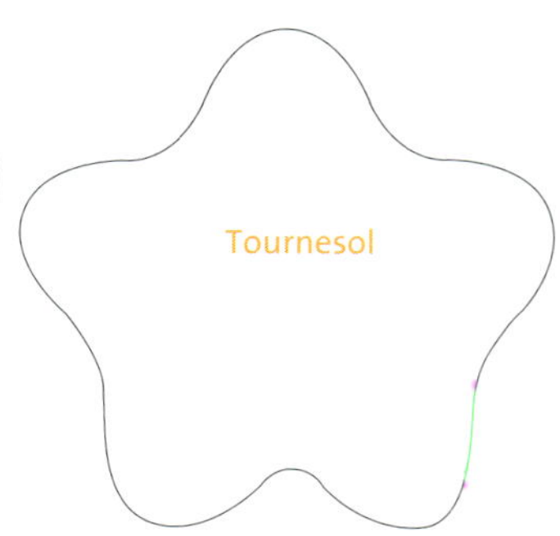

À agrandir à 200 %

Mouliné Spécial DMC
Perles Cousines et Cie

Mini-cadre bête à Bon Dieu et tournesol

- Perle noir 5803 + 310
- Perle ébène 1503 + 839
- Perle petite bordeaux 6408 + 498
- Perle petite rouge 6409 + 817
- Perle petite or 6901 + 3852
- Perle petite perle 6101 + 5200
- Perle petite verte 6609 + 3346
- 743
- 989
- 3348
- 3346
- 3852
- 839
- 310

Rouge 817 et rouge 498 pour coudre les perles

Boîte tournesol, Pot à crayons

DIMENSION :
43 points de large par 31 points de haut

FOURNITURES POUR UNE BOÎTE

- Fil Mouliné Spécial 25 DMC : jaune 743, vert 989, vert 3348, vert foncé 3346, noir 310, rouge 498, rouge 817 (pour coudre les perles), blanc 5200, ocre 3852
- Perles à broder (les quantités sont indiquées entre parenthèses) : perle 4101 (2), noire 5803 (11), ébène 1503 (12), rubis 1405 (32), rouge 1401 (20), perle noisette 1502 (12)
- 25 cm de croquet écru en 8 mm de large
- 15 x 12 cm de carton perforé marron 5,5 points/cm
- Colle blanche
- Un pot à crayons de 11 x 12 cm ou une boîte de 14 x 9 cm.

RÉALISATION DU POT À CRAYONS

Broder avec 2 brins de coton mouliné en commençant par le milieu du diagramme. Broder au point arrière avec 1 brin de noir 310 les écritures et la coccinelle. Broder ensuite les perles.
Centrer la broderie sur le devant du pot ; découper à la dimension voulue ; coller avec la colle blanche.
Coller le croquet tout autour du pot.

RÉALISATION DE LA BOÎTE

Broder avec 2 brins de coton mouliné en commençant par le milieu du diagramme. Broder ensuite les perles.
Centrer la broderie sur le couvercle de la boîte ; découper à la dimension voulue ; coller avec la colle blanche.
Coller le croquet de chaque côté de la boîte.

Boîte tournesol, pot à crayons

- 743
- 989
- 3348
- 3346
- 3852
- 310

Rouge 498 et 817 pour coudre les perles

- Perle perle 4101 + 5200
- Perle noire 5803 + 310
- Perle ébène 1503 + 839
- Perle rubis 1405 + 498
- Perle rouge 1401 + 817
- Perle noisette 1502 + 3852

PANIER CHAMPÊTRE

La cueillette des cerises

DIMENSION :
167 points de large par 167 points de haut

FOURNITURES

- Fil Mouliné Spécial 25 DMC : blanc 5200, bleu-gris 927, gris 169, gris foncé 413, jaune 726, vert mousse 471, vert 3346, vert foncé 3345, rouge 498 (pour coudre les perles), marron 840, marron 434, marron foncé 801, marron très foncé 938
- Perles à broder (les quantités sont indiquées entre parenthèses) : perle 4101 (384), tournesol 4204 (80), rouge 1401 (524), épinard 1607 (609), rubis 1405 (288)
- 45 x 45 cm de toile de lin naturel 11 fils/cm
- 40 x 40 cm de molleton
- 40 x 40 cm de carton
- 1 cadre ancien à adapter

RÉALISATION

Surfiler la toile de lin. Broder avec 2 brins de coton mouliné en commençant par le milieu et en vous reportant au diagramme.
Broder au point arrière avec 2 brins :
- les écritures en gris foncé 413,
- les queues des cerises en marron 801.
Broder avec 1 brin :
- l'oiseau en gris foncé 413,
- le panier en marron très foncé 938.
Pour personnaliser l'ouvrage, broder les écritures au point arrière avec 2 brins de coton gris foncé 413 en vous reportant à l'alphabet 1, p. 92.
Broder ensuite les perles.
Repasser sur l'envers.
Encadrer (voir explications, p. 8).

■ *Voir grille pages 38-39*

abcdefghi
jklmn
opqrstu
vwxyz
Le Clos Fleuri
été 2003

milieu
Le Clos Fleuri
été 2003
milieu

Mouliné Spécial DMC

Perles Cousines et Cie

- 5200
- 927
- 169
- 413
- 726
- 471
- 3346
- 3345

Rouge 498 pour coudre les perles

- 840
- 434
- 801
- 938
- 413
- 801

- Perle perle 4101 + 5200
- Perle tournesol 4204 + 726
- Perle rouge 1401 + 498
- Perle épinard 1607 + 3345
- Perle rubis 1405 + 498

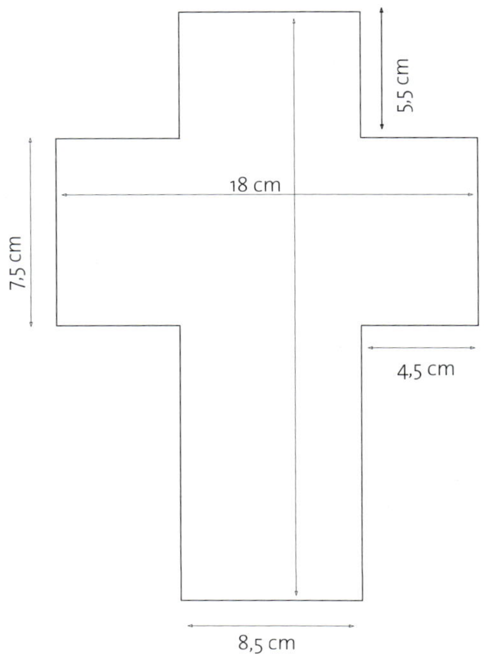

Croix

DIMENSION :
80 points de large par 101 points de haut

FOURNITURES

- Fil Mouliné Spécial 25 DMC : gris foncé 413, gris 169, bleu-gris 927, marron 434, vert 3345, vert mousse 471, blanc 5200, orange 3854 pour coudre les perles, marron foncé 801.
- Perles à broder (les quantités sont indiquées entre parenthèses) : tournesol 4204 (19), perle 4101 (64), opale 1102 (28), miel 4202 (78), moutarde 1203 (51), mandarine 4206 (8)
- 30 x 60 cm de toile de lin naturel 11 fils/cm
- 25 x 20 cm de molleton
- 80 cm de cordonnet vert
- 25 x 40 cm de carton blanc
- Colle blanche

RÉALISATION

Couper le morceau de lin en deux.
Broder avec 2 brins de coton mouliné en commençant par le milieu et en vous reportant au diagramme, sur un des morceaux.
Broder au point arrière avec 2 brins :
- les tiges des branches fleuries en marron foncé 801,
- les tiges des fleurs du bas en vert 3345.
Broder avec 1 brin :
- les épis en marron 434,
- l'oiseau en gris foncé 413.
Broder ensuite les perles, repasser sur l'envers.
Découper 2 cartons en forme de croix suivant le dessin. Coller le molleton sur un des cartons et découper tout le tour, centrer la broderie sur ce carton.
Découper la toile de lin à 1,5 cm tout autour de la forme de la croix et cranter dans les angles et coller, côté par côté, au dos du carton avec la colle blanche.
Procéder de la même façon pour le dos de la croix, en collant le lin non brodé.
Couper 6 cm de cordonnet, le coller plié en deux en haut de la croix au dos du carton, puis coller le devant et le dos de la croix, envers contre envers.
Coller le reste du cordonnet tout autour de la croix en commençant à côté de l'attache du haut et en maintenant avec des épingles pendant le séchage.

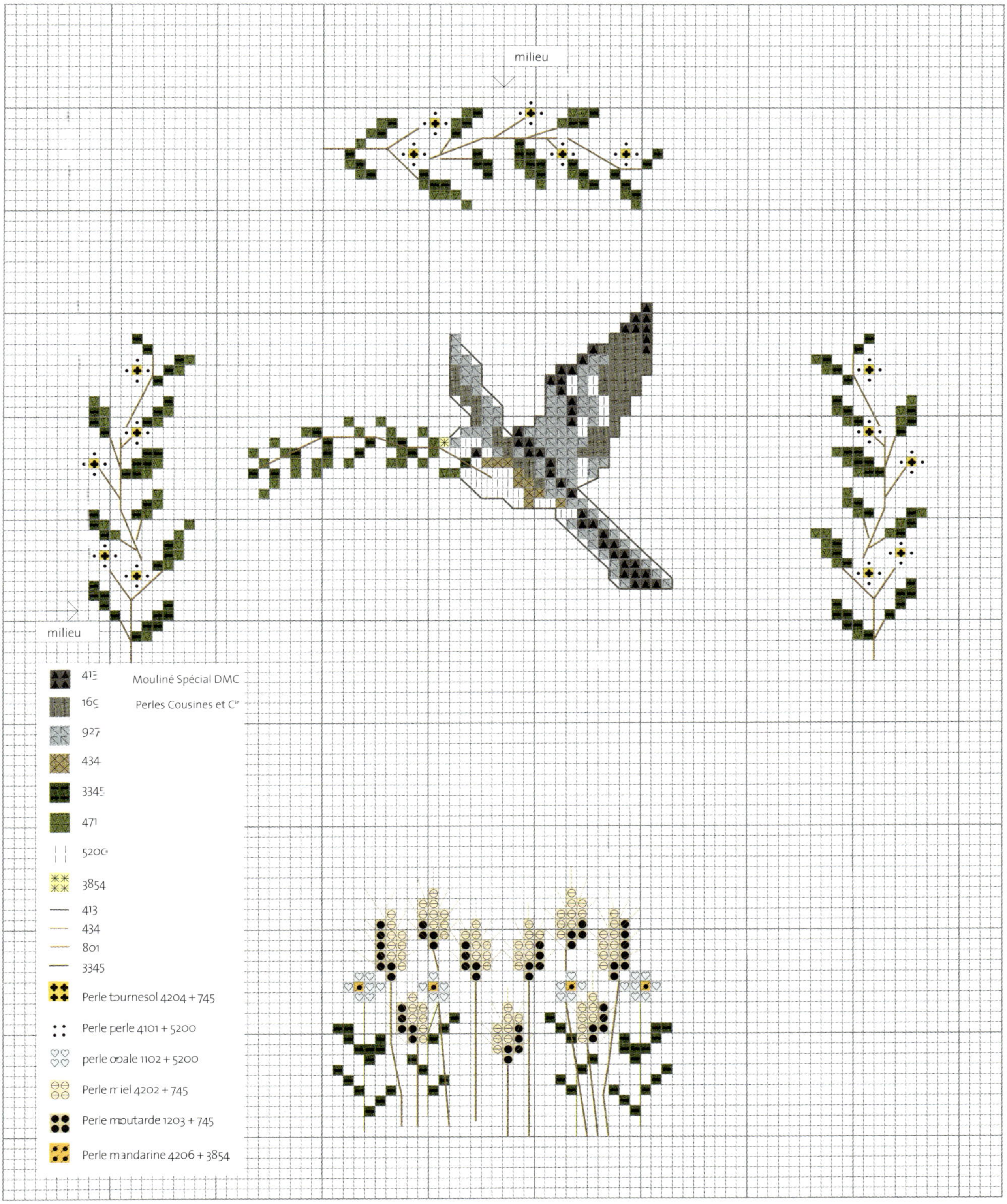

Mouliné Spécial DMC

Perles Cousines et Cie

▲	413
▦	169
⟍	927
⊠	434
■	3345
▼	471
¦ ¦	5200
✳	3854
—	413
—	434
—	801
—	3345
✚	Perle tournesol 4204 + 745
∴	Perle perle 4101 + 5200
♡	perle ovale 1102 + 5200
⊖	Perle miel 4202 + 745
●	Perle moutarde 1203 + 745
⁘	Perle mandarine 4206 + 3854

Vents marins

Bienvenue à bord

DIMENSION : 42 points de large par 47 points de haut

FOURNITURES

- Fil Mouliné Spécial 25 DMC : blanc 5200, marron 975, bleu foncé 336, gris 648, bleu foncé 336, vert 164, turquoise 3811 (pour coudre les perles)
- Perles à broder (les quantités sont indiquées entre parenthèses) : petite turquoise 6709 (21), petite verte 6609 (33), petite bordeaux 6408 (57)
- 15 x 15 cm de toile Aïda de lin naturel 7 points/cm
- 12 x 12 cm de carton
- 12 x 12 cm de molleton
- 70 cm de cordelette écrue
- 70 cm de cordonnet écru
- Mini-bouée de 14 cm de diamètre
- Colle blanche

RÉALISATION

Surfiler le morceau de toile.
Broder avec deux brins de coton mouliné en commençant par le milieu et en vous reportant au diagramme.
Broder au point arrière avec un brin :
- le tour des voiles en bleu foncé 336,
- la tige du trêfle en vert 164.
Broder ensuite les perles.
Pour le trêfle de la voile, enfiler 6 perles petites vertes pour chaque pétale (voir « Marguerite », p. 7). Fixer le milieu de chaque pétale par un point comme indiqué sur le diagramme. Repasser l'ouvrage sur l'envers.
Dans le carton, couper un rond de 10 cm de diamètre et un autre de 11 cm de diamètre. Coller le molleton sur le carton de 10 cm ; couper tout le pourtour.
Poser la broderie centrée sur le carton et la tendre (voir explications, p. 8).
Coller la broderie au dos de la bouée.
Coller le carton blanc de 11 cm de diamètre par-dessus.
Pour une bonne finition, coller le cordonnet écru tout autour.

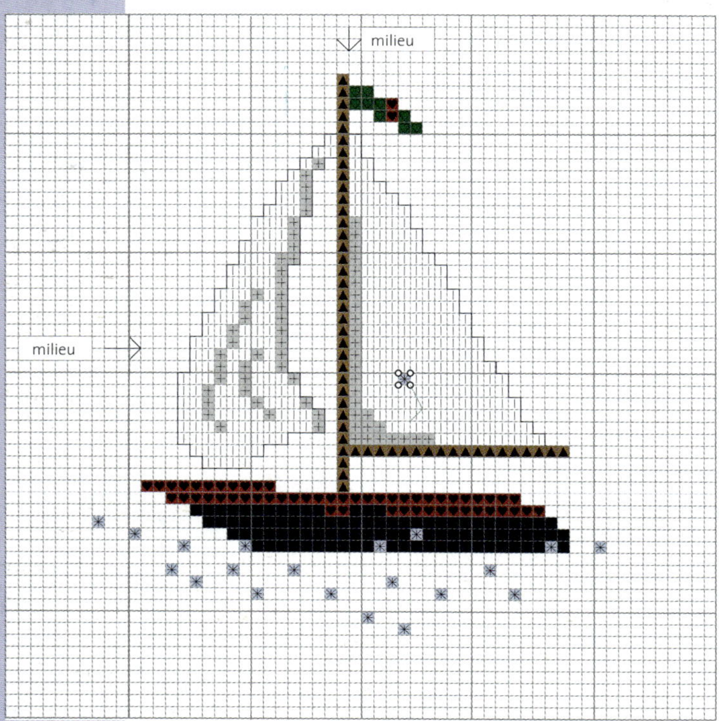

Mouliné Spécial DMC
Perles Cousines et Cie

- 5200
- 975
- 336
- 648
- 336
- 164

Turquoise 3811 pour coudre les perles

- Perle petite turquoise 6709 + 3811
- Perle petite verte 6609 + 164
- Perle petite bordeaux 6408 + 975
- Point d'attache des boucles avec 6 perles petites vertes 6609 + 164

Bienvenue
BIENVENUE
A BORD
Bord de mer

Mouliné Spécial DMC

Perles Cousines et Cie

- Écru
- 5200
- 975
- 336
- 648
- 336

Rouge 498 pour coudre les perles

- Perle ciel 1701 + 809
- Perle émeraude antique 2609 + 336
- Perle cerise 1402 + 498
- Perle marine 1702 + 336
- Point d'attache des boucles avec 6 perles petites vertes 6609 + 809

Bouée « Bienvenue »

DIMENSION : 74 points de large par 76 points de haut

FOURNITURES

- Fil Mouliné Spécial 25 DMC : écru, blanc 5200, marron 975, bleu foncé 336, gris 648, bleu ciel 809, rouge 498 (pour coudre les perles)
- Perles à broder (les quantités sont indiquées entre parenthèses) : ciel 1701 (21), émeraude antique 2609 (64), cerise 1402 (82), marine 1702 (80), verte 6609 (24)
- 30 x 30 cm de toile Aïda de lin naturel 5,5 points/cm
- 85 cm de cordonnet écru
- 25 x 25 cm de molleton
- 25 x 25 cm de carton
- Miniature gouvernail de bateau de 3,5 cm de diamètre
- Cadre bouée ouverture 20 cm
- Colle blanche

RÉALISATION

Surfiler le morceau de toile Aïda.

Broder avec deux brins de coton mouliné en commençant par le milieu et en vous reportant au diagramme.

Broder au point arrière avec un brin de bleu foncé 336 le contour des voiles et des bouées.

Pour le trèfle de la voile, enfiler 6 perles petites vertes pour chaque pétale (voir explications de la marguerite, p. 7).

Broder ensuite les perles.

Repasser l'ouvrage sur l'envers.

Dans le carton, couper un rond de 23 cm de diamètre et un autre de 24 cm de diamètre.

Coller le molleton sur le carton de 23 cm ; découper le molleton tout autour.

Poser la broderie centrée sur le carton et tendre l'ouvrage (voir « L'entretien et l'encadrement », page 8).

Coller la broderie au dos de la bouée.

Coller le carton blanc de 24 cm de diamètre par-dessus.

Pour une bonne finition, coller le cordonnet écru tout autour.

Coller le gouvernail du bateau sur la bouée.

milieu
milieu

Bande bord de mer

DIMENSION POUR UN CARRÉ : 33 points de large par 32 points de haut

FOURNITURES

- Fil Mouliné Spécial 25 DMC : blanc 5200, jaune 676, marron clair 3032, marron foncé 3790, rouge 498, bleu ciel 809, bleu marine 803, gris 646
- Perles à broder (les quantités sont indiquées entre parenthèses) : ébène 1503 (68), plomb antique 2801 (22), perle 4101 (44), menthe 1603 (48), marine 1702 (24), cerise 1402 (83), noisette 1502 (114), céladon 3604 (24)
- 20 x 25 cm de bande de lin blanc à carreaux 10 fils/cm
- 25 cm de bande de lin naturel de 2,5 cm de large
- 3 boutons « poisson »
- 1 bouton « mouette »
- 1 mini-tringle à rideaux

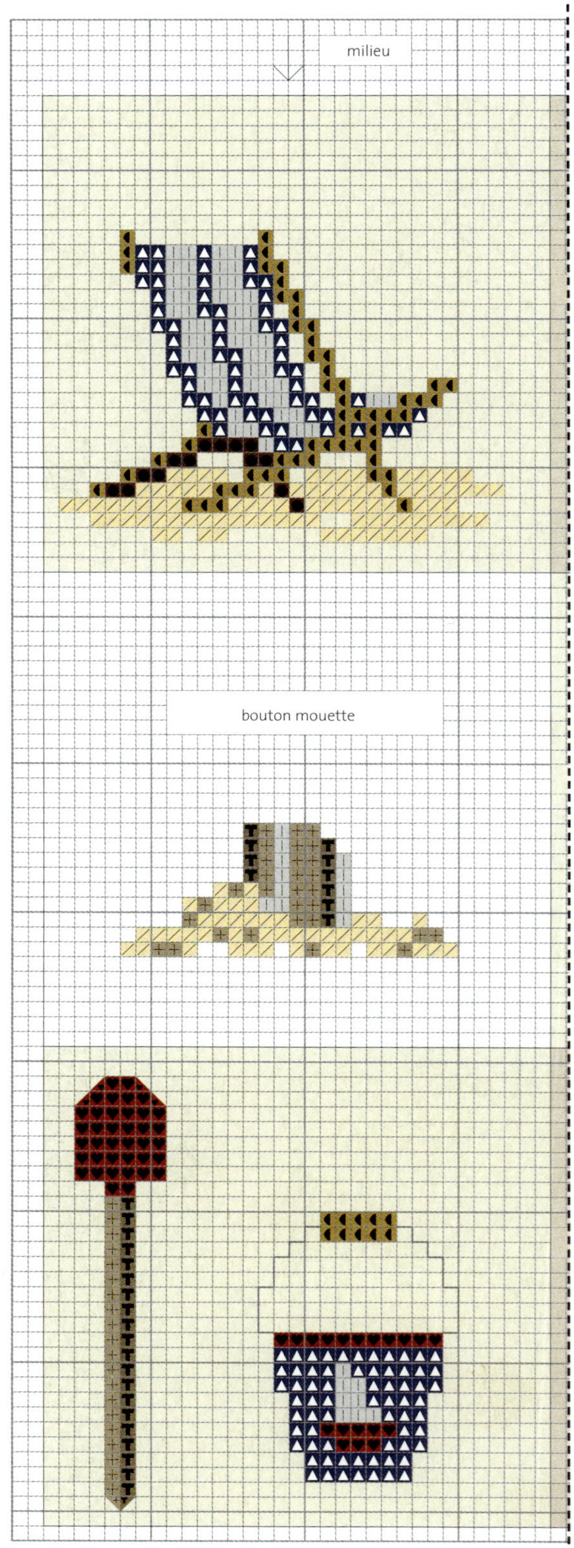

RÉALISATION

Surfiler le haut et le bas de la bande à carreaux.
Broder les motifs avec 2 brins de coton mouliné en commençant par le milieu du diagramme de chaque carré.
Broder au point arrière avec 2 brins de :
- marine 803, les écritures, l'anse du sceau,
- gris 646, la queue du cerf-volant.

Broder au point arrière avec 1 brin de :
- gris 646, le filet de l'épuisette
- marine 803, le contour des voiles, le tour de la cabine et de la bouée.

Broder ensuite les perles.
Faire l'ourlet en haut et en bas de la bande et coudre à petits points. Pour confectionner les attaches, couper la bande de lin blanc en deux, surfiler les deux extrémités de chaque morceau, les plier en deux, les coudre au dos de la bande à carreaux à égale distance des deux bords de la bande.
Repasser sur l'envers. Coudre les boutons.

Mouliné Spécial DMC
Perles Cousines et Cie

- 5200
- 676
- 3032
- 3790
- 498
- 809
- 803
- 803
- 646
- Perle ébène 1503 + 3790
- Perle plomb antique 2801 + 646
- Perle perle 4010 + 5200
- Perle menthe 1603 + 809
- Perle marine 1702 + 803
- Perle cerise 1402 + 498
- Perle noisette 1502 +3032
- Perle céladon 3604 + 809

CABANE DE PÊCHEUR

Embrasses de rideaux

DIMENSION POUR UN MOTIF DE 6 BATEAUX : 72 points de large par 35 points de haut

FOURNITURES

Pour une embrasse

- Fil Mouliné Spécial 25 DMC : blanc 5200, marron 3862, bleu ciel 809, bleu roi 798, rouge 349, turquoise 3811 pour coudre les perles
- Perles à broder (les quantités sont indiquées entre parenthèses) : petite turquoise 6709 (239), petite verte 6609 (48), noisette 1502 (48), petite rouge 6409 (6)
- 44 cm de bande Aïda 7 points/cm en 8 cm de large (longueur à adapter)
- 25 cm de cordonnet en lin naturel

RÉALISATION

Surfiler les deux extrémités de chaque bande.
Broder avec deux brins de coton mouliné en commençant par le milieu et en vous reportant au diagramme.
Broder au point arrière avec 1 brin de bleu roi 798 le contour des voiles.
Broder ensuite les perles.
Couper le cordonnet en deux. De chaque côté, écarter deux carrés de toile Aïda au niveau des vagues du haut et du bas, enfiler la cordelette. Faire un nœud à chaque bout sur l'arrière de la bande.
Coudre les ourlets à petits points.
Repasser sur l'envers.

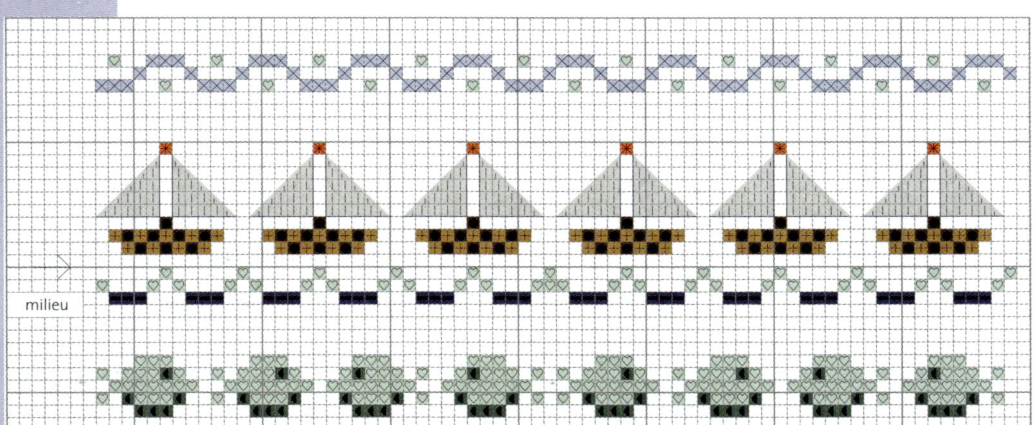

Mouliné Spécial DMC
Perles Cousines et Cie

- 5200
- 3862
- 809
- 798
- 798

3811 pour coudre les perles

- Perle petite turquoise 6709 + 3811
- Perle petite verte 6609 + 798
- Perle noisette 1502 + 3862
- Perle petite rouge 6409 + 349

Les
embruns

Suspension aux mouettes

DIMENSION D'UN CARRÉ :
46,5 points de large par 45 points de haut

FOURNITURES

- Fil Mouliné Spécial 25 DMC : blanc 5200, bleu roi 797, gris 317
- Perles à broder (les quantités sont indiquées entre parenthèses) : mandarine irisée 4206 (8), plomb antique 2801 (8), marine 1702 (246), petite argent 6908 (492)
- 65 x 65 cm de toile de lin à carreaux 11 fils/cm (Graziano)
- 2,50 m de croquet bleu roi en 8 mm de large
- 1 suspension électrifiée de 25 cm de diamètre

RÉALISATION

Avant de couper, centrer le carré de 65 x 65 cm par rapport aux carreaux de la toile. Faire un ourlet tout autour du tissu. Vérifier qu'il est symétrique par rapport au dessin de la toile.
Coudre le croquet sur l'endroit autour du tissu.
Broder chaque motif avec 2 brins de coton mouliné en commençant par le milieu du diagramme de chaque carré.
Broder le contour des mouettes au point arrière avec 2 brins de gris 317.
Broder ensuite les perles.
Repasser sur l'envers.
Dessiner un cercle au centre de la toile de la largeur de la douille électrique. Faire un surjet sur le cercle au point de bourdon. Découper le tissu à cet endroit. Faire le montage électrique.

■ *Voir grille pages 52-53*

Porte-clefs

DIMENSION :

27 points de large par 30 points de haut

FOURNITURES

- Fil Mouliné Spécial 25 DMC : jaune 676, bleu marine 803, blanc 5200, gris 646
- Perles à broder (les quantités sont indiquées entre parenthèses) : ébène 1503 (1), plomb antique 2801 (10)
- 16 cm de bande de lin blanc 10 fils/cm, en 8 cm de large
- 10 x 10 cm de molleton
- 10 cm de cordonnet marine
- 1 bouton barrière
- 1 pompon acheté ou à faire soi-même (voir explications, p. 9)
- 1 porte-clefs

RÉALISATION

Surfiler les deux extrémités de la bande. La plier en deux.
Broder le motif avec 2 brins de coton mouliné en commençant, à 1 cm en dessous de la pliure, par le milieu du toit de la cabine et en centrant le motif dans la largeur de la bande.
Broder la cabine au point arrière avec 1 brin de marine 803 ; broder ensuite les perles.
Plier la bande en deux. Écarter les fils de lin en haut de la bande pour glisser la cordelette et la fixer par quelques points au dos.
Replier la bande en deux vers l'intérieur.
Coudre la couture du bas en glissant le pompon au milieu.
Avant de fermer les côtés par une couture, glisser un carré de molleton de 7 x 7 cm à l'intérieur.

Mouliné Spécial DMC
Perles Cousines et Cie

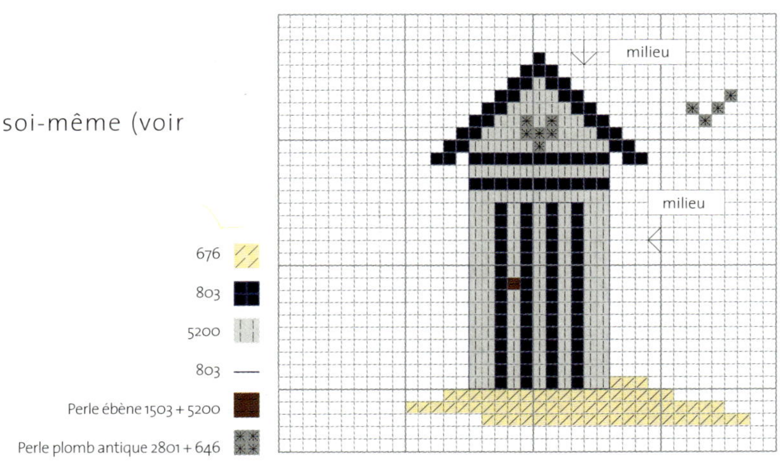

Suspension aux mouettes

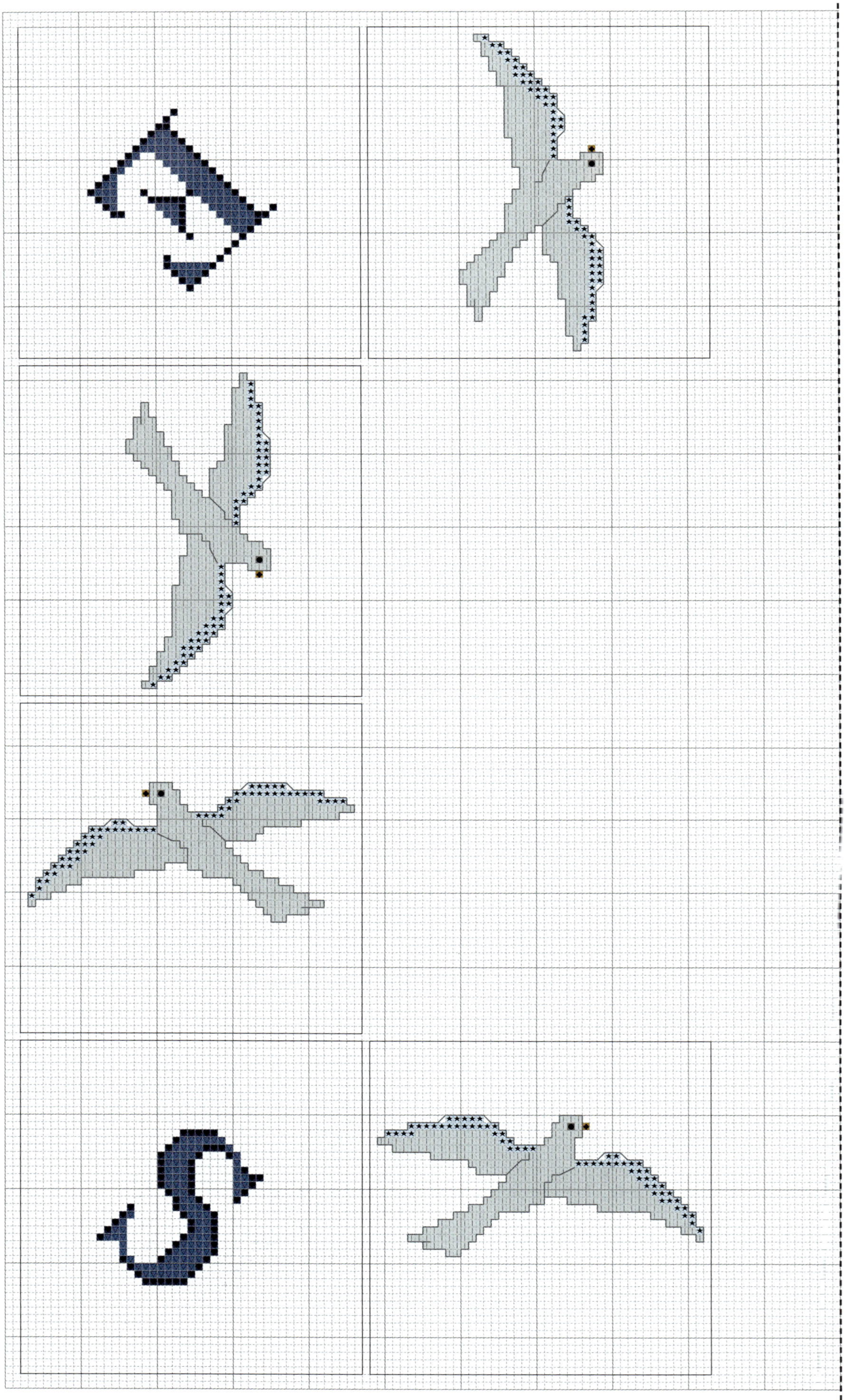

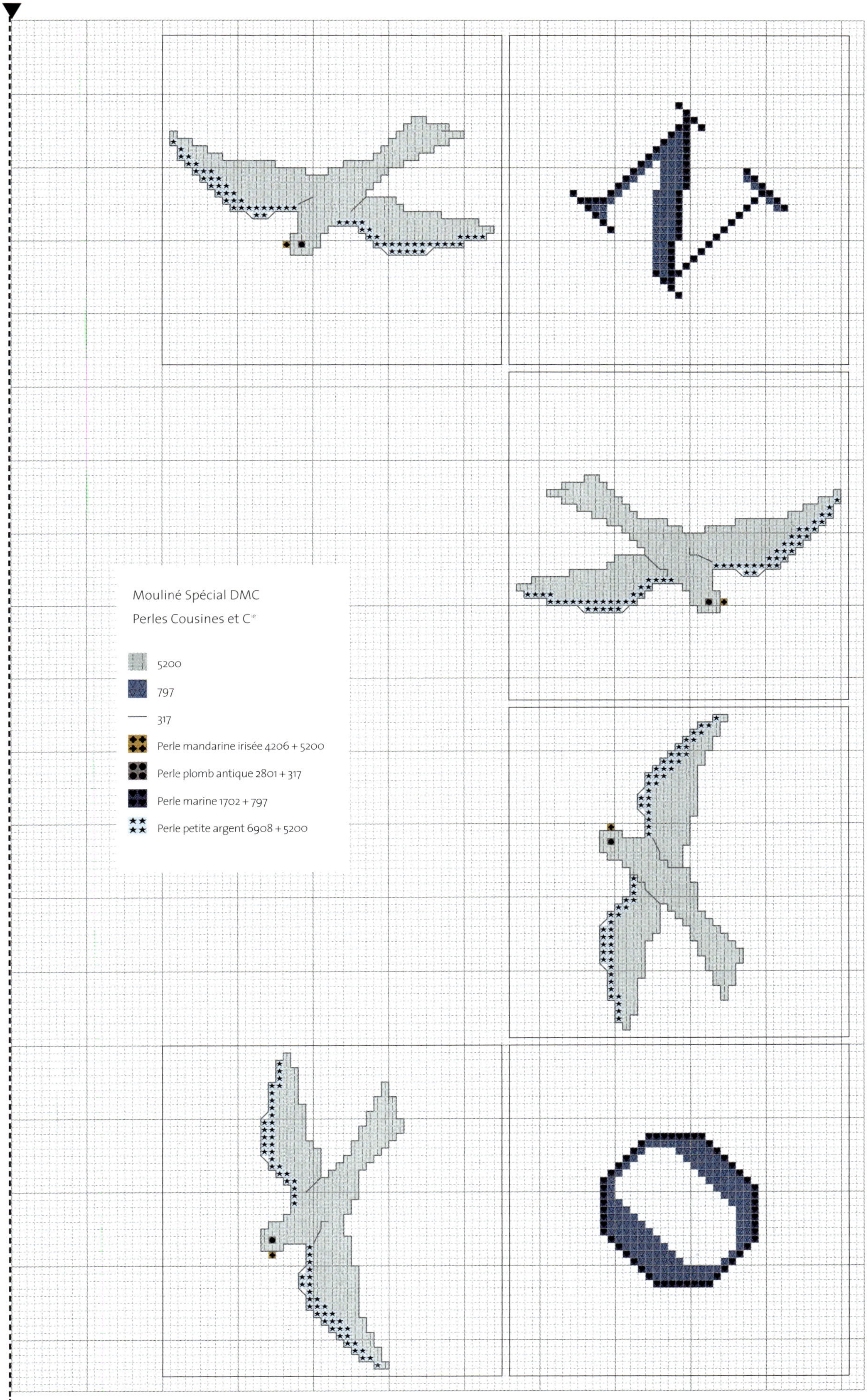

Mouliné Spécial DMC

Perles Cousines et Ce

- 5200
- 797
- 317
- Perle mandarine irisée 4206 + 5200
- Perle plomb antique 2801 + 317
- Perle marine 1702 + 797
- Perle petite argent 6908 + 5200

CABINE DE PLAGE

Pochette à maquillage

DIMENSION : 98 points de large par 41 points de haut

FOURNITURES

- Fil Mouliné Spécial 25 DMC : bleu 798, fil pour coudre les perles : blanc 5200, jaune 728, bleu-vert 3810, écru
- Perles à broder (les quantités sont indiquées entre parenthèses) : petite mauve 6309 (33), petite turquoise 6709 (389), petite champagne 6308 (22), pétrole irisée 4703 (108), bleu canard mat 5709 (108)
- Pochette à maquillage à broder « Alice Créations » réf. 125/ciel

RÉALISATION

Broder avec 2 brins de coton mouliné en commençant par le milieu et en vous reportant au diagramme. Personnaliser à l'aide de l'alphabet p. 93. Broder ensuite les perles.

798

5200, 728, 3810, écru pour coudre les perles

Perle petite mauve 6309 + 5200

Perle petite turquoise 6709 + 798

Perle petite champagne 6308 + 728

Perle pétrole irisée 4703 + 798

Perle bleu canard mat 5709 + 3810

Perle petite turquoise 6709 + écru

Mouliné Spécial DMC

Perles Cousines et Cie

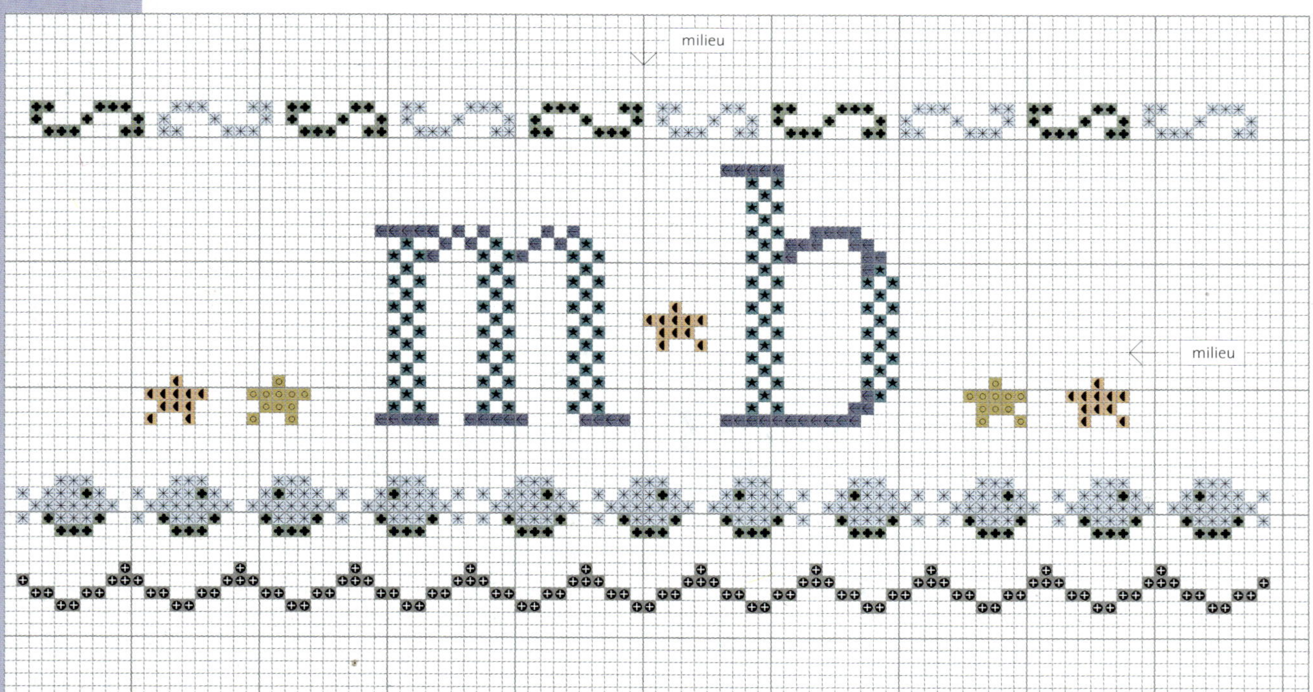

Bonne
Journée
aux
Flots Bleus
mb
maison de vacances
Alizée

Fauteuil bateau

DIMENSION : hauteur de la frise : 29 points

• hauteur des lettres : 21 points

FOURNITURES

Dossier

- Fil Mouliné Spécial 25 DMC : vert 368, bleu 798
- Perles à broder (les quantités sont indiquées entre parenthèses pour ce modèle) : émeraude antique 2609 (68), bleu canard mat 5709 (222), bleu roi 3705 (648), menthe glaciale antique 2708 (68)
- 72 cm de bande de lin rayée 5,5 points/cm en 20 cm de large
- 72 x 20 cm de tissu de lin d'ameublement écru
- 72 x 20 cm de molleton

Siège

- 50 x 60 cm de lin à carreaux écru et naturel 11 fils/cm
- 50 x 60 cm de tissu d'ameublement en lin ivoire
- 50 x 60 cm de molleton
- 2 tasseaux de bois de 5 mm de diamètre et de 38 cm de long

RÉALISATION

Dossier

Si la taille du fauteuil à réaliser ne correspond pas exactement à ces dimensions, adapter le patron. Surfiler les extrémités de la bande. Broder avec 2 brins de coton mouliné en centrant le texte. Broder ensuite les perles.
Couper le molleton : 53 x 17 cm. Poser la broderie sur le molleton. Superposer le tissu endroit contre endroit sur la broderie. Coudre le haut et le bas. Retourner.

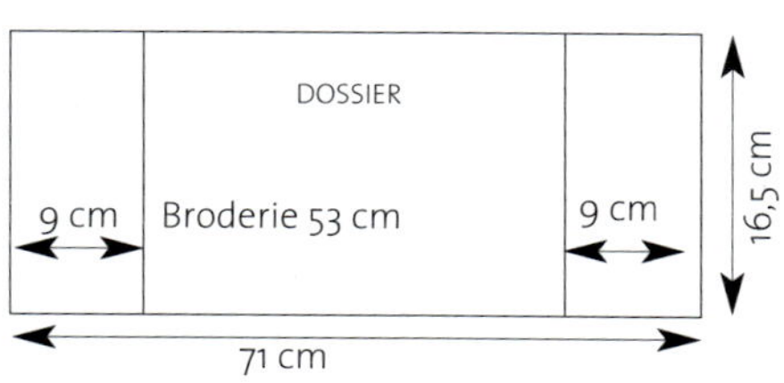

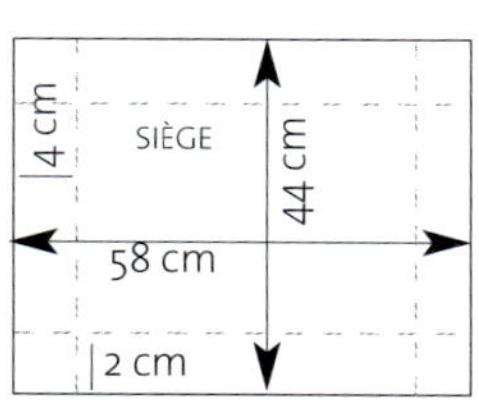

Rabattre 9 cm de chaque côté de la bande sur le dos du dossier et faire un rentré. Repasser sur l'envers. Enfiler sur les armatures du fauteuil.

Siège

Centrer le patron par rapport aux carreaux du tissu. Poser le lin à carreaux sur le molleton. Superposer le tissu endroit contre endroit sur le tissu à carreaux. Coudre le haut et le bas à 44 cm de distance. Retourner. Repasser. Rabattre 4 cm de chaque côté du tissu vers l'envers et faire la couture. Enfiler les tasseaux de chaque côté. Faire une couture supplémentaire pour bloquer le tasseau. Enfiler dans les rainures du fauteuil.

Mouliné Spécial DMC

Perles Cousines et Cie

Bob

DIMENSION : 44 points de large par 23 points de haut

FOURNITURES

- Fil Mouliné Spécial 25 DMC : jaune pâle 676, jaune 728, bleu 798 (pour coudre les perles),
- Perles à broder (les quantités sont indiquées entre parenthèses) : petite turquoise 6709 (73), petite champagne 6308 (67)
- Bob enfant « Alice Créations » réf. 125 ray/ciel

RÉALISATION

Broder avec 2 brins de coton mouliné, en commençant par le milieu et en vous reportant au diagramme ci-dessus. Broder ensuite les perles.

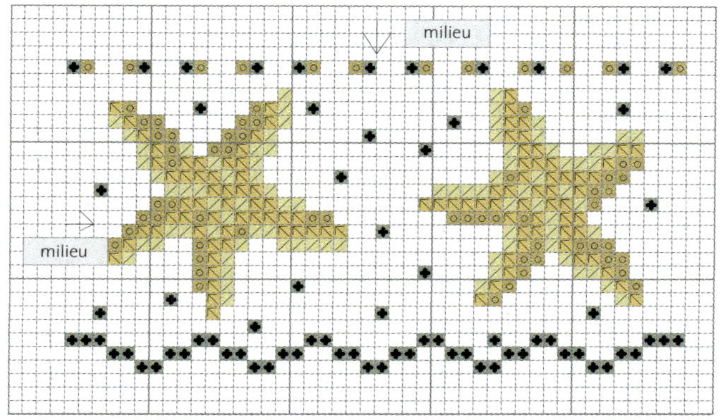

676
728
798 pour coudre les perles
Perle petite turquoise 6709 + 798
Perle petite champagne 6308 + 728

368
798
Perle émeraude antique 2609 + 368
Perle bleu canard mat 5709 + 368
Perle bleu roi 3707 + 798
Perle menthe glaciale antique 2708 + 368

Bonne journée aux flots bleus

DIMENSION : 53 points de large par 98 points de haut

FOURNITURES

- Fil Mouliné Spécial 25 DMC : orange 741, jaune 727, blanc 5200, bleu clair 747, bleu ciel 809, bleu roi 797, gris 646
- Perles à broder (les quantités sont indiquées entre parenthèses) : marine 1702 (223), ébène 1503 (17), plomb antique 2801 (26), noisette 1502 (78), menthe 1603 (29), vert-de-gris antique 2809 (14), vieil argent 5809 (11), ivoire irisée 4103 (11)
- 35 cm de bande de lin naturel à liserés bleus 11 fils/cm en 10 cm de large
- 30 cm de ruban bleu roi en 3 mm de large
- 1 bouton « papillon »
- 1 bouton « coquillage »
- 1 baguette de bois de 12 cm

RÉALISATION

Surfiler les deux extrémités de la bande. Commencer à broder chacun des motifs avec 2 brins de mouliné en vous reportant au diagramme et en centrant chaque dessin au milieu de chaque carré de toile.
Broder les écritures au point arrière avec 2 brins de bleu 797. Broder la mouette au point arrière et son œil au point de nœud avec 1 brin de gris 646. Broder ensuite les perles. Repasser sur l'envers. Plier le bas de la bande après le liseré bleu et coudre l'ourlet. Replier le carré non brodé du haut de 4,5 cm et coudre l'ourlet. Fixer le bouton au milieu sur les deux épaisseurs de la bande pour tenir les deux épaisseurs. Glisser la baguette.

Mouliné Spécial DMC

Perles Cousines et Cie

Mouliné Spécial DMC	Perles Cousines et Cie
741	Perle marine 1702 + 797
727	Perle ébène 1503 + 646
5200	Perle plomb antique 2801 + 646
747	Perle noisette 1502 + 727
809	Perle menthe 1603 + 809
797	Perle vert-de-gris antique 2809 + 727
646	Perle vieil argent 5809 + 646
646	Perle ivoire irisée 4103 + 727
797	

Cache-pot vagues

DIMENSION POUR UN MOTIF :
51 points de large par 5 points de haut

FOURNITURES

- Fil Mouliné Spécial 25 DMC : bleu 797, gris 317
- Perles à broder (les quantités sont indiquées entre parenthèses pour le diagramme ci-dessus) : plomb antique 2801 (39), bleu roi 3705 (69)
- 50 cm de bande à broder bleu ciel en lin 5,5 points/cm en 2,5 cm de large
- 1 m de croquet bleu roi

RÉALISATION

Surfiler les extrémités de la bande. Broder en commençant à 2 cm du bord de la bande à broder avec 2 brins de coton mouliné en suivant le diagramme et en centrant dans la hauteur de la bande.
Broder ensuite les perles.

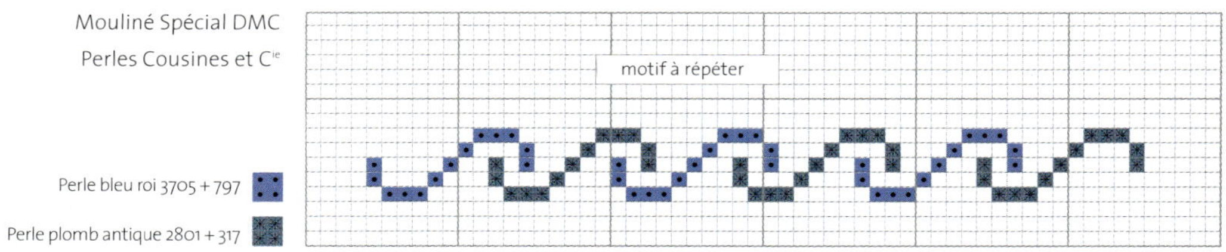

Sac

DIMENSION : 47 points de large par 50 points de haut

FOURNITURES

- Fil Mouliné Spécial 25 DMC : bleu 3325, jaune 728, bleu 798, rose 3688, vert 368, bleu 798
- Perles à broder (les quantités sont indiquées entre parenthèses) : ciel 1701 (33), grise irisée 4802 (18), pétrole irisée 4703 (119), vert pomme 1606 (8)
- Petit cabas enfant « Alice Créations » réf. sac enfant ray/ciel

RÉALISATION

Broder avec 2 brins de coton mouliné en commençant par le milieu et en vous reportant au diagramme.
Broder au point arrière avec 1 brin :
- le contour du cerf-volant en bleu 798,

Broder avec 2 brins :
- la queue du cerf-volant en bleu 798.

Personnaliser le prénom à l'aide de l'alphabet aux fleurs (voir p. 15).

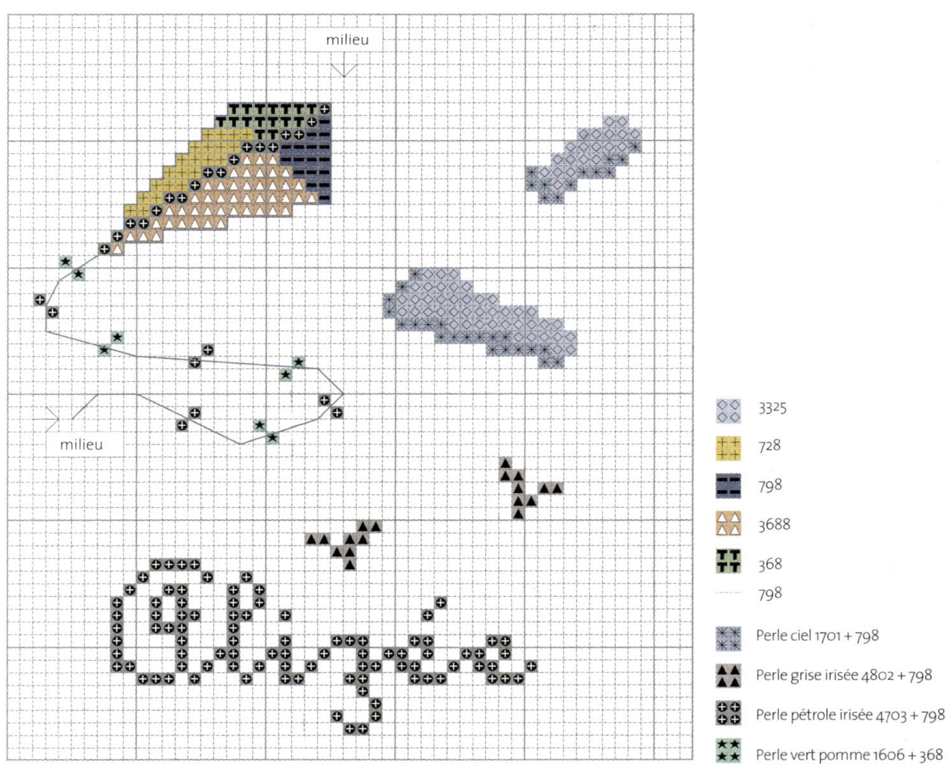

TRIBORD OU BÂBORD

Départ pour les îles

DIMENSION : 151 points de large par 169 points de haut

FOURNITURES

- Fil Mouliné Spécial 25 DMC : blanc 5200, bleu pâle 3756, bleu clair 159, bleu 799, bleu roi 820, bleu foncé 797, bleu nuit 823, jaune pâle 746, jaune 677, marron clair 422, marron 420, marron foncé 801, vert 469, vert dégradé n° 94
- Perles à broder (les quantités sont indiquées entre parenthèses) : opale 1102 (101), ivoire irisée 4103 (68), miel irisée 4202 (166), noisette 1502 (105), ébène 1503 (31), plomb antique 2801 (21), arc-en-ciel antique 2904 (677), perle bleu arc-en-ciel 4706 (24), turquoise cristal 3605 (470), ciel 1701 (298), petite argent 6908 (76), petite turquoise 6709 (147), petit verte 6609 (86), petite champagne 6308 (40)
- 45 x 45 cm de lin blanc 12 fils/cm
- 30 x 35 cm de molleton
- 1 cadre

RÉALISATION

Surfiler la toile. Broder avec 2 brins de coton mouliné en commençant par le milieu et en suivant le diagramme.
Broder au point arrière avec 1 brin :
- les voiles en bleu roi 797,
- l'étiquette de la voile et le nom du bateau en marron clair 420.

Broder avec 2 brins :
- la date en bleu nuit 823, en vous reportant à l'alphabet 1 de la p. 92.
- les attaches des voiles et la cabine en marron foncé 801.

Broder ensuite les perles.
Repasser sur l'envers.
Encadrer (voir explications, p. 8).

■ *Voir grille pages 62-63*

2003
LIBERTÉ
2003
Mes
plus
belles
photos de
vacances

Départ pour les îles

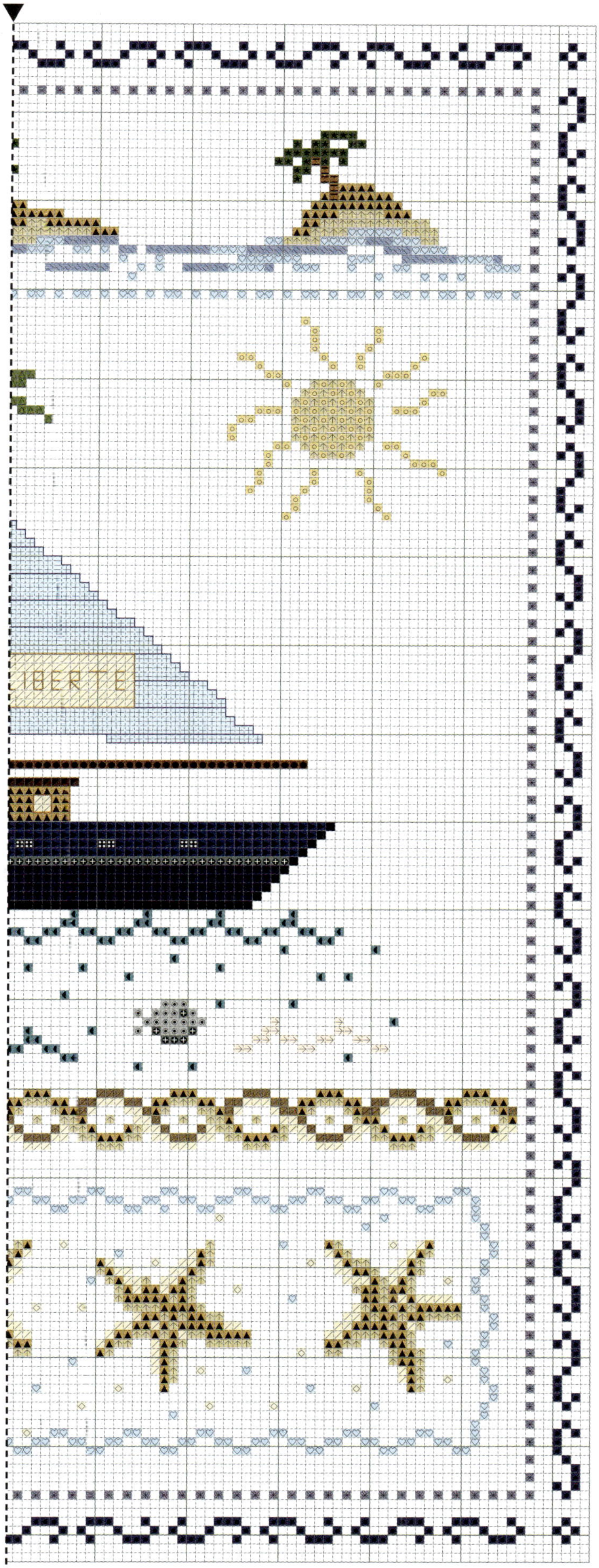

Mouliné Spécial DMC

Perles Cousines et Cie

- 5200
- 3756
- 159
- 799
- 820
- 797
- 823
- 746
- 677
- 422
- 420
- 801
- 469
- 94
- 823
- 797
- 420
- 801
- Perle opale 1102 + 5200
- Perle ivoire irisée 4103 + 746
- Perle miel irisée 4202 + 677
- Perle noisette 1502 + 801
- Perle ébène 1503 + 801
- Perle plomb antique 2801 + 159
- Perle arc-en-ciel antique 2904 + 823
- Perle bleu arc-en-ciel 4706 + 159
- Perle turquoise cristal 3605 + 5200
- Perle ciel 1701 + 799
- Perle petite argent 6908 + 5200
- Perle petite turquoise 6709 + 3756
- Perle petite verte 6609 + 799
- Perle petite champagne 6308 + 746

Album « Mes plus belles photos »

DIMENSION :

130 points de large par 122 points de haut

FOURNITURES

- Fil Mouliné Spécial 25 DMC : blanc 5200, jaune 744, beige 739, bleu pâle 157, bleu ciel 809, bleu 798, bleu roi 797, bleu roi foncé 820, marine 823, marron 801, turquoise 3811 (pour coudre les perles)
- Perles à broder (les quantités sont indiquées entre parenthèses) : perle 4101 (212), turquoise cristal 3605 (238), céladon 3604 (61), menthe glaciale 2708 (94), marine 1702 (13), bleu canard mat 5709 (77), plomb antique 2801 (40), noisette 1502 (175), miel irisée 4202 (92)
- 85 x 35 cm de toile de lin naturel 5,5 points/cm
- 31 x 84 cm de tissu imprimé pour la doublure
- 31 x 84 cm de molleton
- 1 album photo de 27 x 29 cm

RÉALISATION

Dans le rectangle de lin, passer des fils de bâti, en suivant les dimensions du schéma pour repérer les faces de l'album. Si la taille de l'album ne correspond pas exactement à ces dimensions, adapter les trois parties centrales aux dimensions de l'album. Broder sur la partie droite avec 2 brins de coton mouliné en commençant par le milieu et en suivant le diagramme.
Broder au point arrière avec 1 brin :
- la cabine en marron 801,
- la date en marine 823.
Broder ensuite les perles. Couper un rectangle de tissu et un rectangle de molleton de 84 x 33 cm. Poser la broderie sur le molleton. Superposer le tissu endroit contre endroit sur la broderie. Coudre tout le tour en laissant une ouverture pour retourner avant de la refermer. Rabattre, à l'intérieur de l'album, 12 cm de couverture de chaque côté en haut et en bas pour terminer la housse. Coudre à petits points chaque rabat. Retourner et repasser.

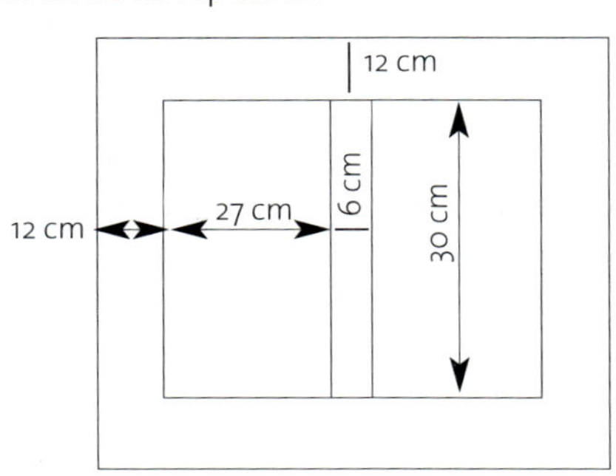

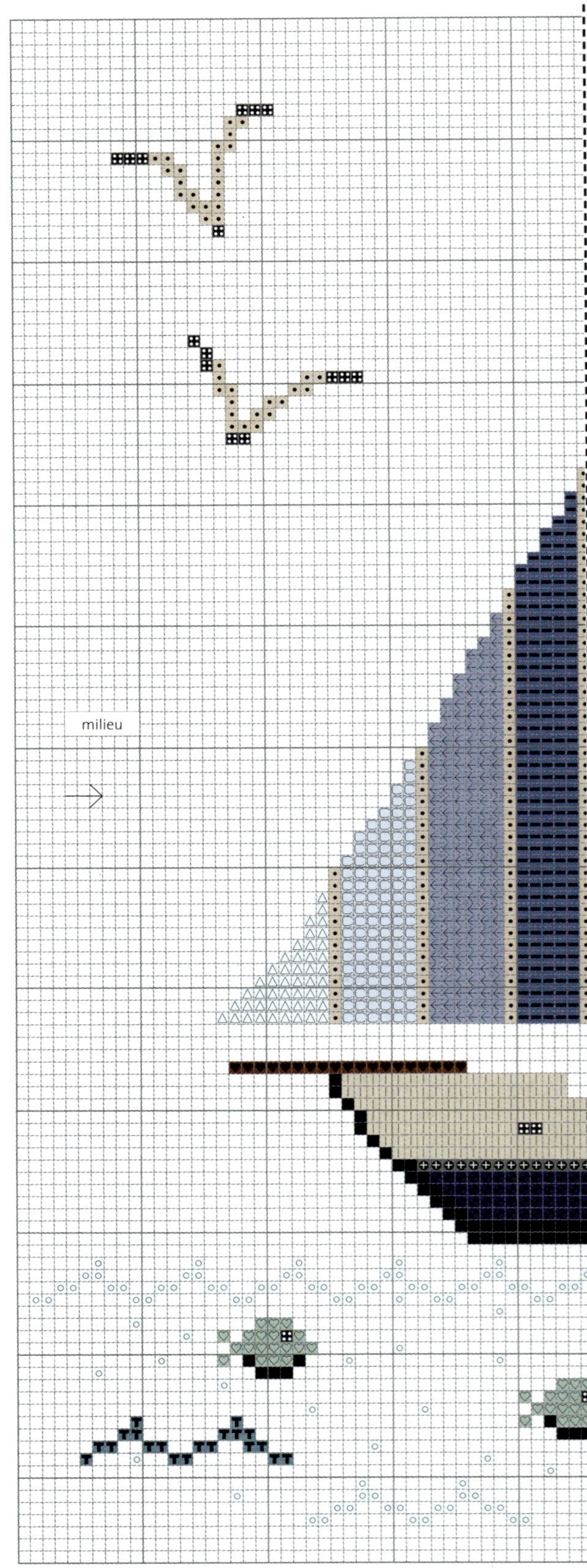

Mouliné Spécial DMC
Perles Cousines et Cie

- 5200
- 744
- 739
- 157
- 809
- 798
- 797
- 820
- 823
- 823
- 801

3811 pour coudre les perles

- Perle blanche 4101 + 5200
- Perle turquoise cristal 3605 + 3811
- Perle céladon 3604 + 3811
- Perle menthe glaciale 2708 + 3811
- Perle marine 1702 + 823
- Perle bleu canard mat 5709 + 3811
- Perle plomb antique 2801 + 823
- Perle noisette 1502 + 801
- Perle miel irisée 4202 + 744

Marque-page : fonds marins

DIMENSION :
22 points de large par 96 points de haut

FOURNITURES

- Fil Mouliné Spécial 25 DMC : blanc 5200, vert dégradé 94, ocre 729, jaune 676, saumon 945, bordeaux 902 pour coudre les perles
- Perles à broder (les quantités sont indiquées entre parenthèses) : petite verte 6609 (7), petite argent 6908 (51), ivoire irisée 6109 (58), petite champagne rosé 6308 (100), petite or transparente 6909 (59), petite bordeaux 6408 (10)
- 40 cm de bande Aïda bleue 6 points/cm et 23 points de large
- 12 cm de cordonnet blanc
- 1 pompon blanc acheté ou à faire soi-même (voir « Conseils et astuces » p. 9).

RÉALISATION

Pour former la pointe, plier les deux extrémités de la bande endroit contre endroit et faire une couture horizontale.
Retourner les deux pointes. Plier la bande en deux.
Commencer à broder avec 2 brins de coton mouliné à 10 points au-dessus de la pointe en suivant le diagramme.
Broder ensuite les perles.
Plier la bande en deux.
Écarter deux carrés de toile Aïda au milieu en haut et sortir la boucle du cordonnet.
Glisser le pompon entre les deux pointes.
Coudre tout le tour. Repasser.

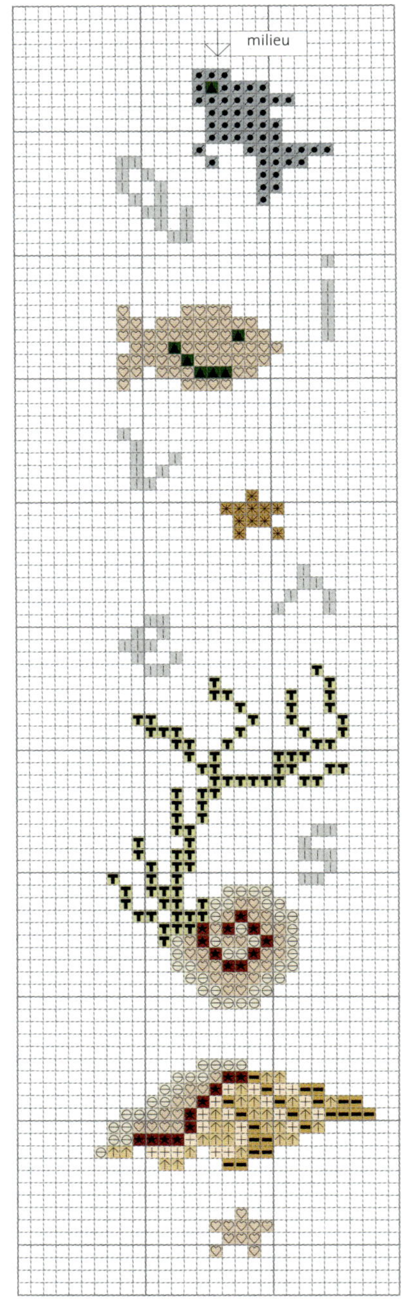

5200
94
729
676
945
902 pour coudre les perles

Perle petite verte 6609 + 94
Perle petite argent 6908 + 5200
Petite ivoire irisée 6109 + 945
Perle petite champagne rose 6308 + 945
Perle petite or transparente 6909 + 676
Perle petite bordeaux 6408 + 902

Mouliné Spécial DMC
Perles Cousines et Cie

Frises marines

DIMENSION :
35 points de large par 107 points de haut

FOURNITURES

- Fil Mouliné Spécial 25 DMC : blanc 5200, marine 336, pour coudre les perles : marron 436, rouge 498, bleu 809, bleu 798
- Perles à broder (les quantités sont indiquées entre parenthèses) : noisette 1502 (54), cerise 1402 (16), plomb antique 2801 (63), moutarde 1203 (22), ciel 1701 (88), marine 1702 (176), cognac arc-en-ciel 3405 (67), menthe 1603 (85), bleu canard mat 5709 (59)
- 18 x 30 cm de toile de lin naturel 11 fils/cm
- 15 x 20 cm de molleton
- 15 x 20 cm de carton
- 1 cadre

RÉALISATION

Surfiler le morceau de toile.
Broder avec 2 brins de coton mouliné en commençant par le milieu et en vous reportant au diagramme.
Broder au point arrière avec 2 brins les écritures en marine 336, en vous reportant à l'alphabet 2, p. 92.
Broder avec 1 brin : les voiles des bateaux, les bouées, les cabines et les chapeaux de marin en marine 336.
Broder ensuite les perles.
Repasser sur l'envers.
Tendre et encadrer l'ouvrage (voir explications, p. 8).

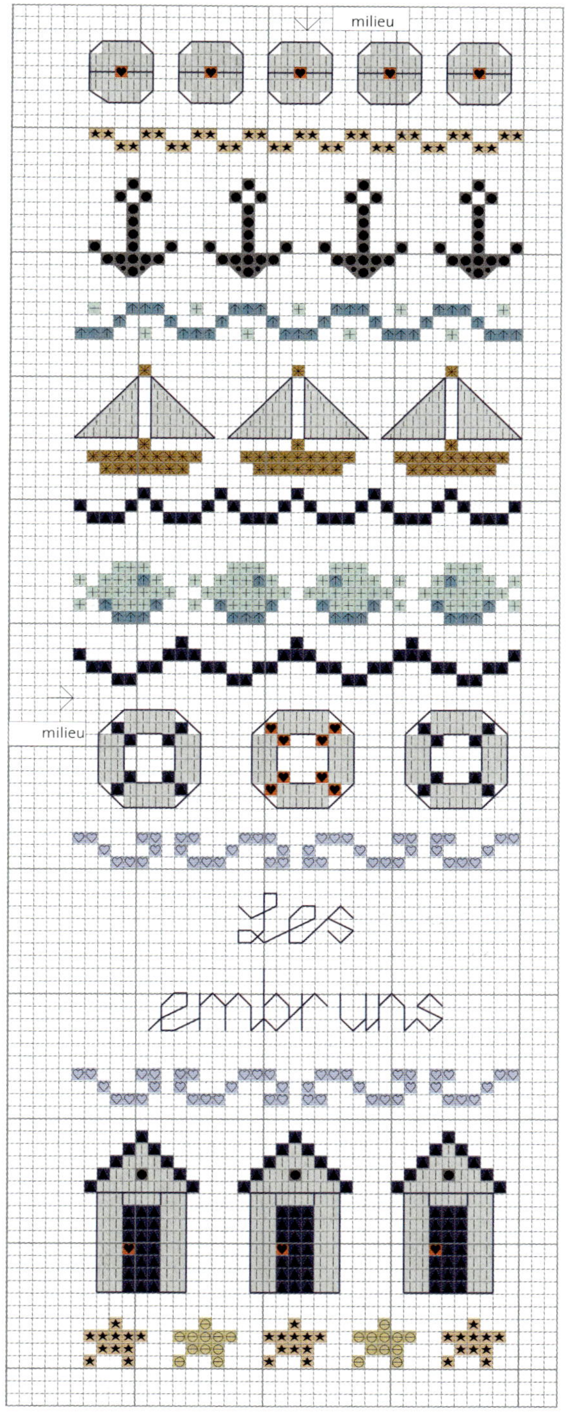

Mouliné Spécial DMC
Perles Cousines et Cie

- 5200
- 336
- 436, 498, 809, 798 pour coudre les perles
- Perle noisette 1502 + 436
- Perle cerise 1402 + 498
- Perle plomb antique 2801 + 336
- Perle moutarde 1203 + 436
- Perle ciel 1701 + 809
- Perle marine 1702 + 336
- Perle cognac arc-en-ciel 3405 + 436
- Perle menthe 1603 + 809
- Perle bleu canard mat 5709 + 809

Intérieur feutré

Lampe pommes de pin

FOURNITURES

- Fil Mouliné Spécial 25 DMC : vert 501, vert 503, vert-jaune 3052, marron clair 3864, gris 317
- Perles à broder (les quantités sont indiquées entre parenthèses) : marron glacé 2509 (258), cuivre antique 2501 (190), or antique 2905 (220), vieil argent 5809 (62), noir 5803 (2)
- 60 x 40 cm de toile de lin écru 11 fils/cm
- 2,50 m de ruban marron en 5 mm de large
- Colle blanche et colle anti-effilochures
- Un abat-jour en kit collection « Conique 30 » Dominique Haym Décors

RÉALISATION

Repasser la toile de lin.
Poser le polyphane de l'abat-jour sur le lin, le droit fil étant au milieu de l'abat-jour, et dessiner le contour avec un crayon effaçable à l'eau ; marquer le milieu en hauteur avec un fil de bâti.
Broder avec 2 brins de coton mouliné en commençant par le milieu à 5,5 cm au-dessus du trait du bas de l'abat-jour en vous reportant au diagramme.
Broder ensuite les perles.
Repasser sur l'envers.
Pour le montage de l'abat-jour, se référer aux explications fournies dans le kit qui propose un système de montage très simple à la portée de tous.

Voir grille pages 70-71

Les Edelweiss
T M

Lampe pommes de pin

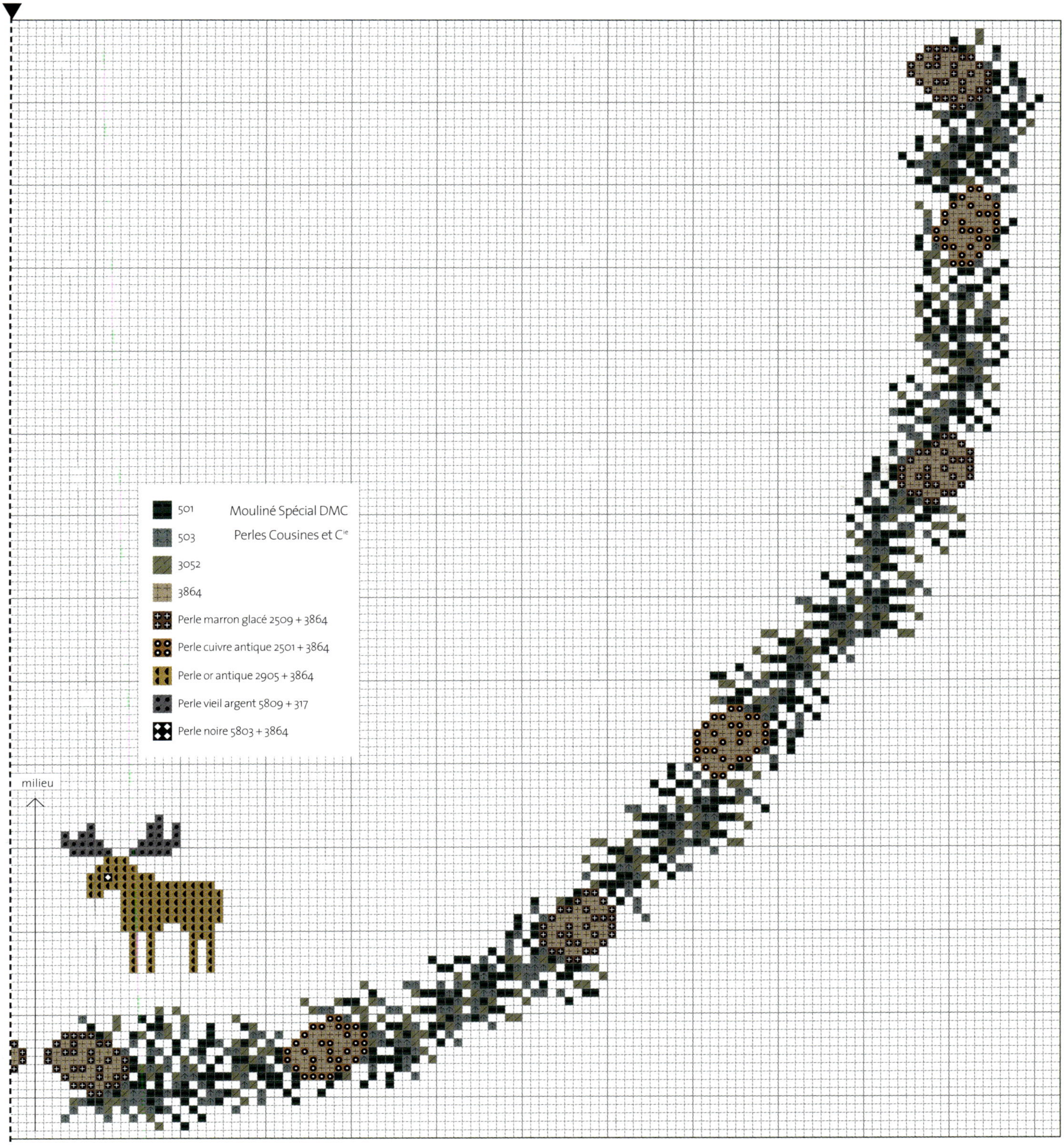

Mouliné Spécial DMC
Perles Cousines et Cie

	501
	503
	3052
	3864
	Perle marron glacé 2509 + 3864
	Perle cuivre antique 2501 + 3864
	Perle or antique 2905 + 3864
	Perle vieil argent 5809 + 317
	Perle noire 5803 + 3864

Coussin edelweiss

DIMENSION : 81 points de large par 231 points de haut

FOURNITURES

- Fil Mouliné Spécial 25 DMC : blanc 5200, gris clair 927, marron 433, vert-bleu 501, gris foncé 3768, beige 437 pour coudre les perles
- Perles à broder (les quantités sont indiquées entre parenthèses) : émeraude antique 2609 (802), vert-de-gris antique 2809 (306), marron glacé antique 2509 (108), moutarde 1203 (288)
- 45 cm de bande Aïda naturelle 6 points/cm
- 40 x 110 cm de toile de tissu imprimé
- 90 cm de croquet écru en 1,5 cm de large
- 2 gros boutons pour le dos
- 1 coussin 40 x 40 cm

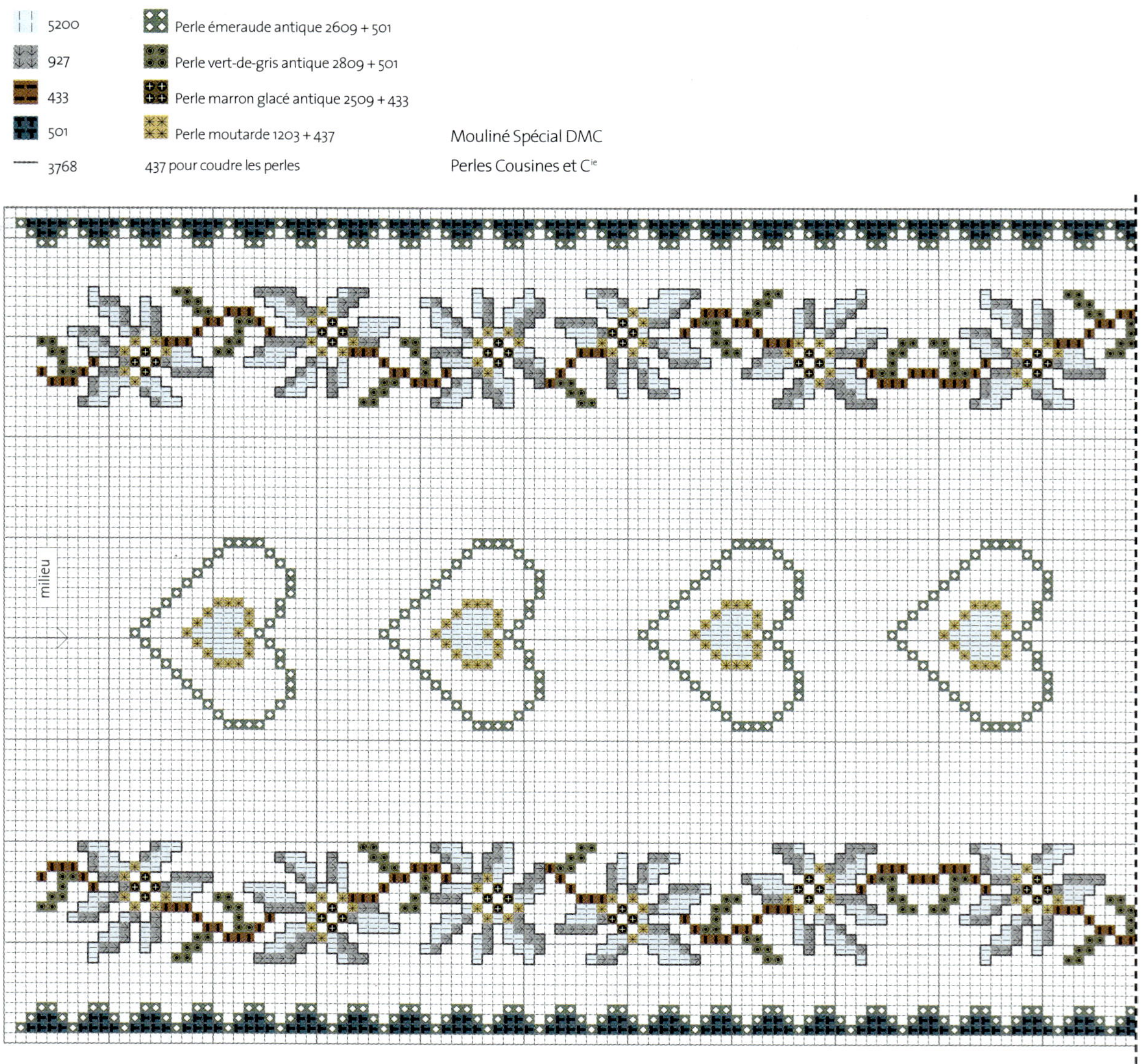

RÉALISATION

Poser un côté de la bande sur le croquet, faufiler, puis les coudre ensemble ; faire de même de l'autre côté.
Broder avec 2 brins de coton mouliné en vous reportant au diagramme et en commençant par le milieu. Broder ensuite les perles.
Personnaliser la bande à l'aide de l'alphabet aux fleurs p. 15.
Couper un carré de 44 x 42 cm pour le devant, 2 rectangles de 28 x 44 cm pour le dos du coussin (en suivant au-dessus à 2 cm tout autour des carreaux pleins) ; surfiler les trois morceaux.
Coudre un rentré de 4 cm sur un des grands côtés de chaque morceau du dos, les superposer et les mettre à la même dimension que le devant.
Faire deux boutonnières au dos ; coudre les boutons.
Coudre la bande brodée au milieu du grand carré de tissu imprimé.
Coudre tout le tour, cranter les angles. Retourner. Repasser.
Enfiler la housse sur le coussin.

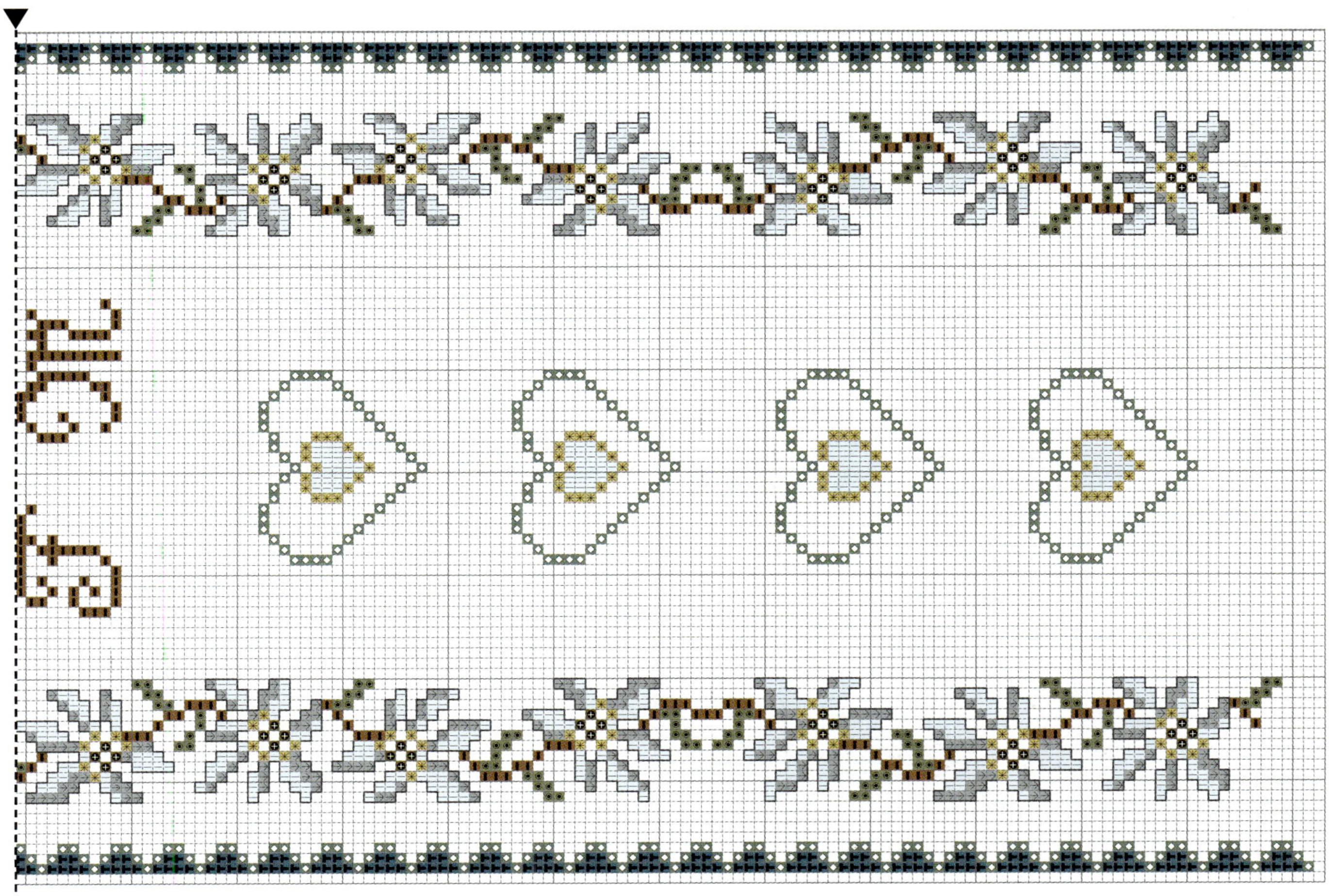

Coussin flocons

DIMENSION POMMES DE PIN : 38 points de large par 37 points de haut
DIMENSION FLOCON : 33 points de large par 33 points de haut

FOURNITURES

- Fil Mouliné Spécial 25 DMC : marron 839, vert foncé 500, vert 501, vert-jaune 320, blanc 5200 pour coudre les perles
- Perles à broder (les quantités sont indiquées entre parenthèses) : perle 4101 (2362), marron glacé 2509 (508)
- 45 x 110 cm de toile de lin naturel à carreaux (Graziano) verts 11 fils/cm (un carreau mesure 7,5 cm de côté)
- 180 cm de croquet naturel en 1,5 cm de large
- 2 gros boutons
- 1 coussin

RÉALISATION

Couper un carré de 44 x 42 cm pour le devant tout autour des carreaux pleins et 2 rectangles de 28 x 44 cm pour le dos du coussin. Surfiler les 3 morceaux.
Broder avec 2 brins de coton mouliné en commençant par le milieu du diagramme de chaque carré. Broder ensuite les perles.
Coudre un rentré de 4 cm sur un des grands côtés de chaque morceau du dos, les superposer et les mettre à la même dimension que le devant.
Faire deux boutonnières (au milieu d'un côté du dos). Coudre les boutons.
Mettre devant et dos endroit contre endroit.
Attention de bien faire correspondre chaque carré entre dos et devant !
Coudre tout le pourtour, cranter les angles. Retourner. Repasser.
Enfiler la housse sur le coussin.

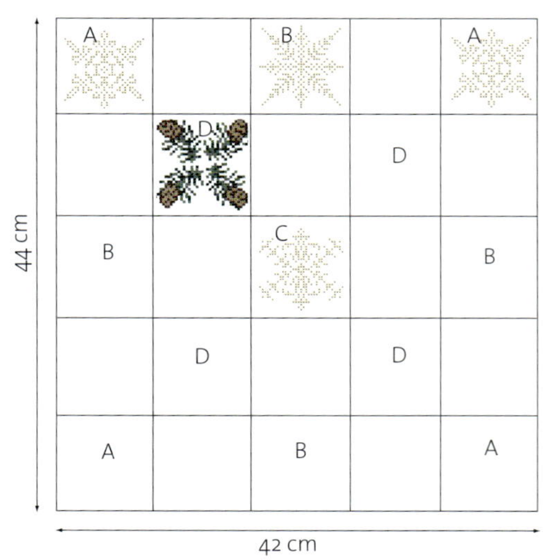

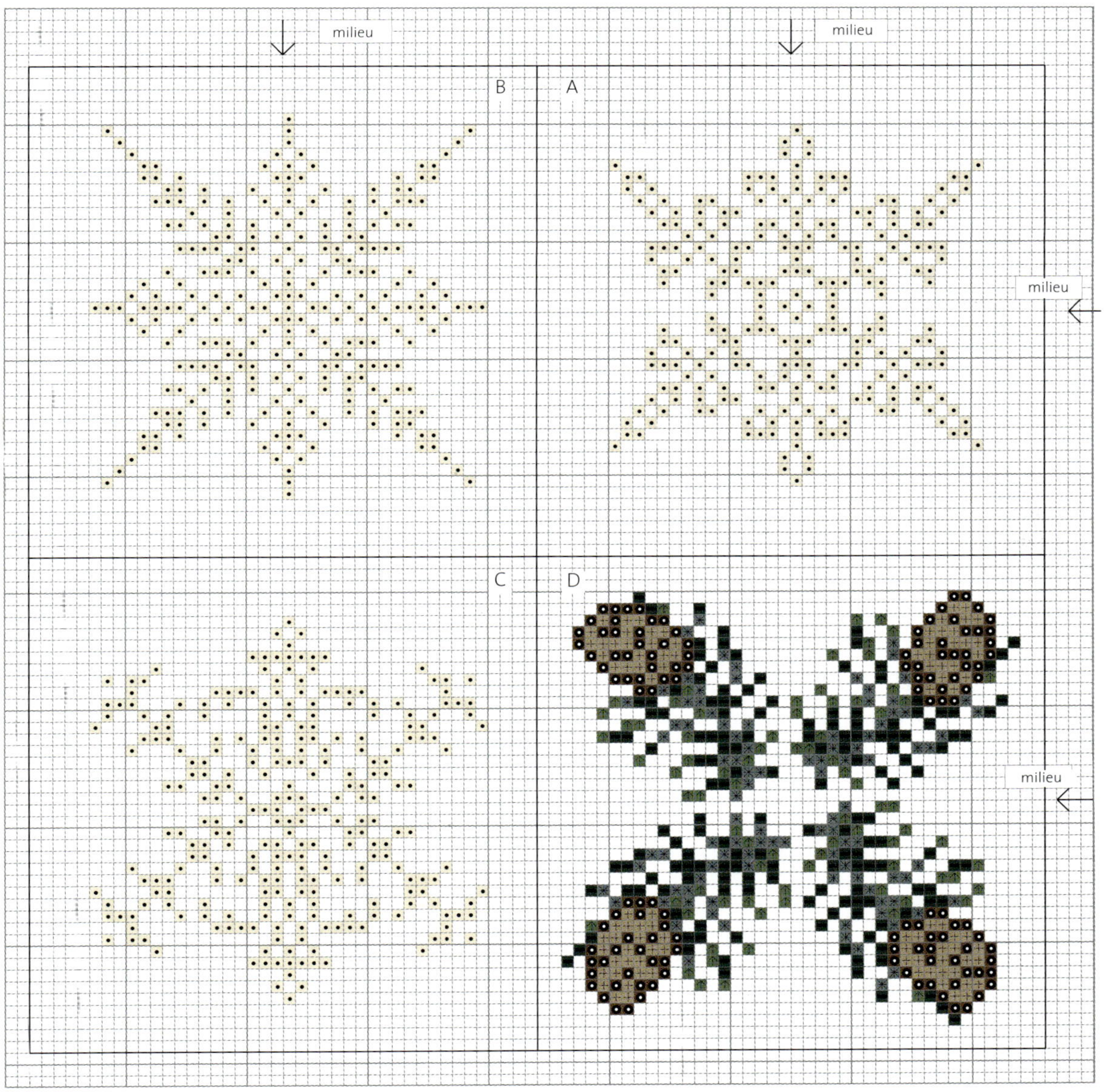

Mouliné Spécial DMC

Perles Cousines et Cie

- 839
- 500
- 501
- 320

5200 pour coudre les perles

- Perle perle 4101 + 5200
- Perle marron glacé 2509 + 839

Coussin chalet

DIMENSION : 119 points de large par 116 points de haut

FOURNITURES

- Fil Mouliné Spécial 25 DMC : blanc 5200, bleu-gris 927, gris 317, marron clair 436, marron-roux 434, marron 839, vert 501, vert-jaune 320, vert foncé 500,
- Perles à broder (les quantités sont indiquées entre parenthèses) : perles 4101 (151), marron glacé antique 2509 (178), cuivre antique 2501 (178), rouge antique 2401 (26), or antique 2905 (444), vieil argent 5809 (121), ébène 1503 (40)
- 45 x 110 cm de toile de lin à petits carreaux verts 11 fils/cm (Graziano)
- 25 x 25 cm de lin naturel 11 fils/cm
- 100 cm de cordonnet de lin
- 4 boutons edelweiss
- 2 gros boutons
- 1 coussin

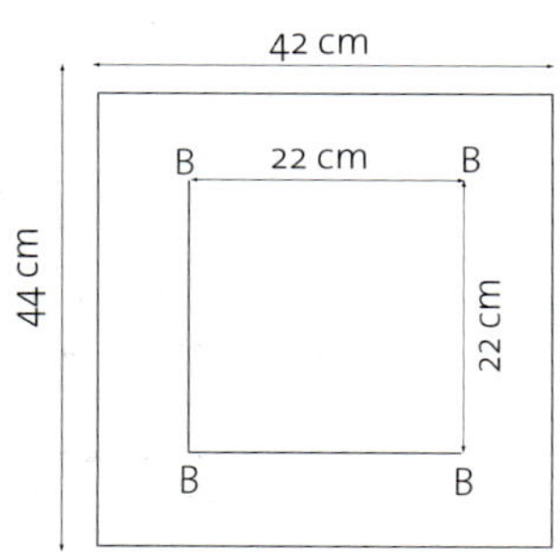

5200
927
317
436
434
839
501
320
500
317
5200

Perle blanche 4101 + 5200
Perle marron glacé antique 2509 + 839
Perle cuivre antique 2501 + 839
Perle rouge antique 2401 + 434
Perle or antique 2905 + 839
Perle vieil argent 5809 + 317
Perle ébène 1503 + 839

RÉALISATION

Couper un carré de 25 x 25 cm dans le lin naturel, tirer 1 fil sur les quatre côtés à 1,15 cm du bord : il délimitera la surface à broder ; surfiler.
Broder avec 2 brins de coton mouliné en suivant le diagramme et en commençant par le milieu.
Pour la personnalisation, se reporter à l'alphabet aux fleurs p. 15.
Broder les flocons au point arrière avec 2 brins de blanc 5200.
Broder le chalet avec 1 brin de gris 317.
Broder ensuite les perles.
Retourner les quatre côtés sur l'envers, repasser, coudre le milieu à petits points.
Coudre 25 cm de cordonnet plié en deux, à chaque angle du lin. Épingler la broderie sur le dessus du coussin en centrant.
Coudre les quatre boutons sur le dessus, à l'endroit de l'attache.
Dans le lin à petits carreaux, couper 1 carré de 42 x 42 cm pour le devant et deux rectangles de 28 x 44 cm pour le dos.
Coudre un rentré de 4 cm sur un des grands côtés de chaque morceau du dos, les superposer et les mettre à la même dimension que le devant.
Faire deux boutonnières au milieu d'un côté du dos et coudre les boutons.
Mettre devant et dos endroit contre endroit.
Attention de bien faire correspondre chaque carré entre dos et devant !
Coudre tout le pourtour. Retourner et repasser.
Enfiler la housse sur le coussin.

Mouliné Spécial DMC
Perles Cousines et Cie

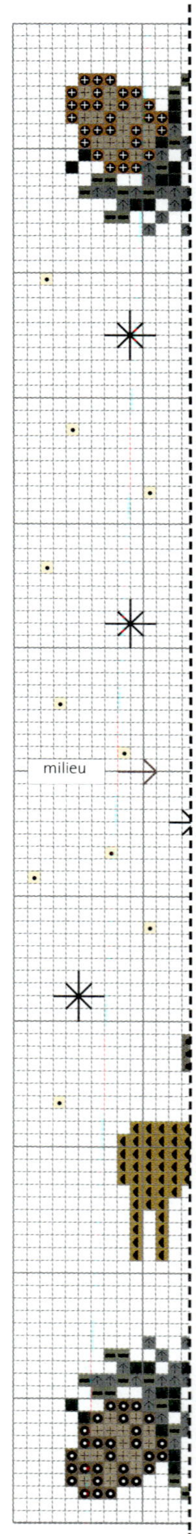

milieu
Les Edelweiss

NEIGES ÉTERNELLES

Bande caribous

DIMENSION D'UN MOTIF : 65 points de large par 23 points de haut

FOURNITURES

- Fil Mouliné Spécial 25 DMC : vert 319, vert 936, marron 840 pour coudre les perles
- Perles à broder (les quantités sont indiquées entre parenthèses) :
  Pour un caribou : or antique 2905 (110), vieil argent 5809 (29), noir 5803 (2)
  Pour un sapin : cuivre antique 2501 (20), vert antique 2602 (53)
- 37 cm de bande Aïda ivoire 5,5 points/cm et 25 points de large
- 40 cm de galon fantaisie
- Une décoration florale ou autre support

RÉALISATION

Penser à adapter la longueur de la bande à broder au périmètre du support choisi.
Surfiler les deux extrémités de la bande.
Broder les motifs avec 2 brins de coton mouliné en vous reportant au diagramme et en commençant par le milieu. Broder ensuite les perles.
Coudre les deux extrémités de la bande ensemble. Retourner et repasser.
Enfiler autour de la botte d'herbe.

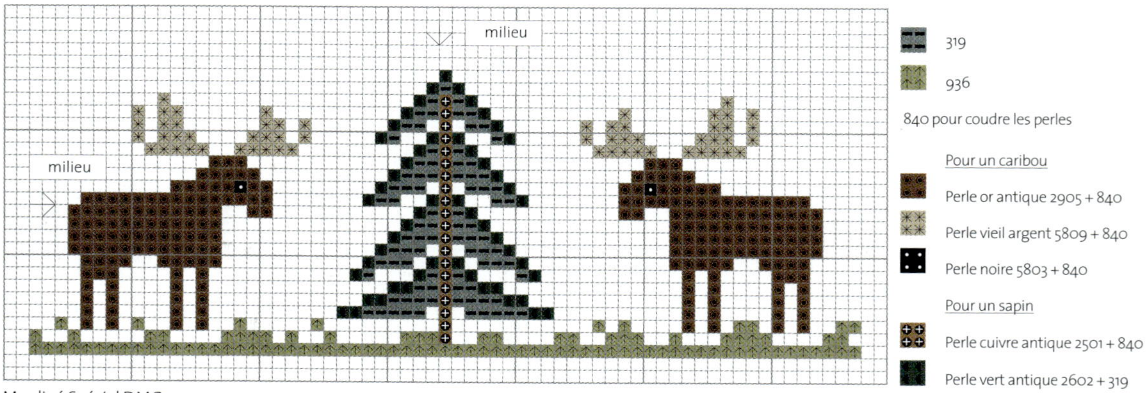

Mouliné Spécial DMC
Perles Cousines et Cie

Panier à verres

DIMENSION : 13 points en hauteur

FOURNITURES

- Fil Mouliné Spécial 25 DMC : vert 501, vert-jaune 320, vert foncé 500, marron 839
- Perles à broder (les quantités sont indiquées entre parenthèses) : marron glacé 2509 (58 pour un motif)
- 100 cm de bande de lin naturel bordé de vert en 3 cm de large

RÉALISATION

Mesurer le tour de la corbeille ou de la boîte que vous voulez entourer pour déterminer la longueur nécessaire. Prévoir à chaque extrémité 1,5 cm en plus pour la couture.
Commencer à broder avec 2 brins de coton mouliné en commençant par le milieu et en vous reportant au diagramme.
Broder ensuite les perles.
Repasser sur l'envers. Faire la couture. Mettre autour du panier.

Pompon à clefs

DIMENSION :
33 points de large par 33 points de haut

FOURNITURES

Se reporter au diagramme p. 75
- Fil Mouliné Spécial 25 DMC :
- Perles à broder (les quantités sont indiquées entre parenthèses) : perle 4101 (271)
- 20 x 30 cm de toile de lin à carreaux 11 fils/cm (ou 2 carreaux de même couleur)
- 15 cm de cordelette verte
- 45 cm de croquet écru en 8 mm de large
- 1 pompon vert à acheter ou à faire soi-même (voir explications, p. 9)
- 50 g de ouatine

RÉALISATION

Découper deux carrés de toile vert foncé en laissant 1 cm de toile tout autour. Broder le motif avec 2 brins de coton mouliné en commençant par le milieu du diagramme et en centrant sur un des carrés. Poser le croquet tout autour du carré brodé. Fixer côté broderie le pompon dans un coin, la cordelette dans le coin opposé ; superposer le deuxième carré de lin. Coudre tout le pourtour en laissant une ouverture. Retourner. Repasser. Remplir avec l'ouatine. Fermer à petits points.

Diagramme du flocon p. 75.

Panier à verres

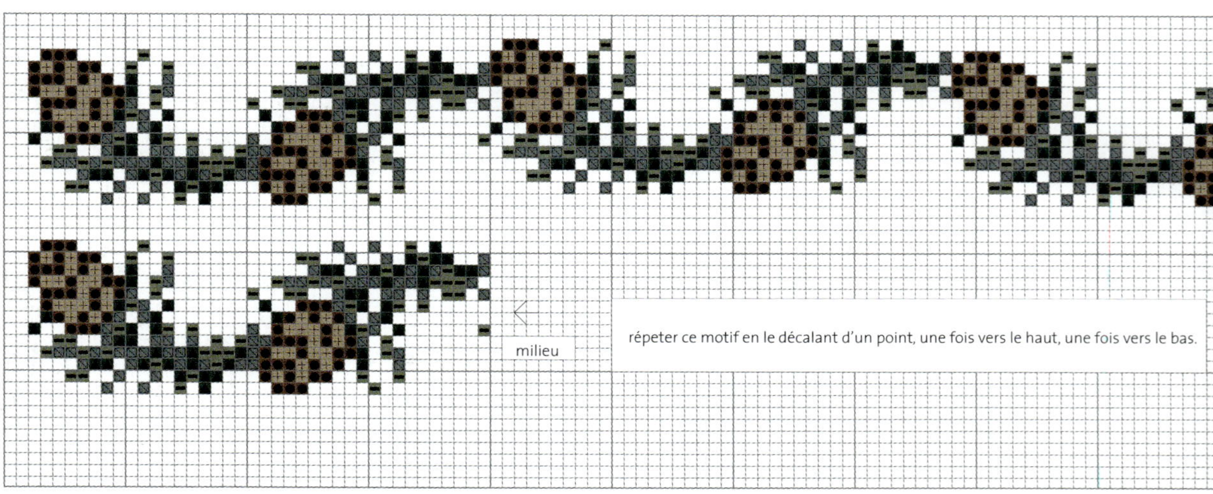

Cadre renne et ours

DIMENSION : 52 points de large par 77 points de haut

FOURNITURES

- Fil Mouliné Spécial 25 DMC : blanc 5200, bleu 927 + blanc irisé 5272, marron 801 (pour coudre les perles), vert 936
- Perles à broder (les quantités sont indiquées entre parenthèses) : cuivre antique 2501 (36), noire 5803 (2), ébène 1503 (125), bronze antique 2601 (412), noisette 1502 (161), blanche 4101 (48)
- 22 x 27 cm de toile Aïda chinée beige 5,5 points/cm
- 15 x 20 cm de molleton
- 1 cadre

RÉALISATION

Surfiler le morceau de toile.
Broder avec 2 brins de coton mouliné en commençant par le milieu et en vous reportant au diagramme.
Broder les flocons au point arrière avec 2 brins de blanc 5200.
Broder ensuite les perles.
Repasser sur l'envers.
Tendre l'ouvrage et l'encadrer. (Voir explications, p. 8.)

5200
927 + 5272
801 pour coudre les perles
5200
Perle cuivre antique 2501 + 801
Perle noire 5803 + 801
Perle ébène 1503 + 801
Perle bronze antique 2601 + 936
Perle noisette 1502 + 801
Perle perle 4101 + 5200

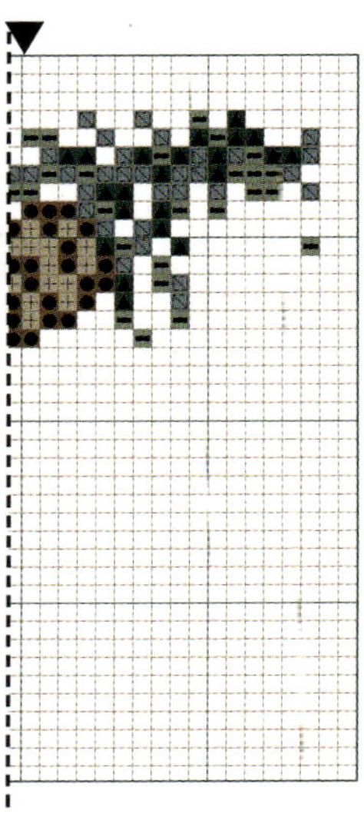

Mouliné Spécial DMC
Perles Cousines et Cie

501
320
500
839
Perle marron glacé 2509 + 839
Il faut 58 perles marron glacé pour 1 motif

Boîte à mouchoirs

DIMENSION MOTIF DES ÉCUREUILS : 91 points de large par 22 points de haut
DIMENSION MOTIF DES EDELWEISS : 82 points de large par 24 points de haut

FOURNITURES

- Fil Mouliné Spécial 25 DMC : gris clair 927, blanc 5200, beige 437, vert 520, vert-bleu 501, marron clair 434, marron 433, gris-vert foncé 3768, marron 433, marron très foncé 938
- Perles à broder (les quantités sont indiquées entre parenthèses) : moutarde 1203 (92), vert-de-gris antique 2809 (280), marron glacé antique 2509 (56), émeraude antique 2609 (364), cuivre antique 2501 (122), bordeaux antique 2409 (72), ébène 1503 (44)
- 43 cm de bande Aïda 6 points/cm en 15,5 cm de large
- 30 x 28 cm de tissu imprimé
- 32 cm de croquet en 8 mm de large
- 60 cm d'élastique

RÉALISATION

Découper le patron dans le tissu imprimé. Fendre sur 13 cm sur l'envers au niveau de l'ouverture. Cranter les angles et faire un rentré de 0,5 cm vers l'intérieur.

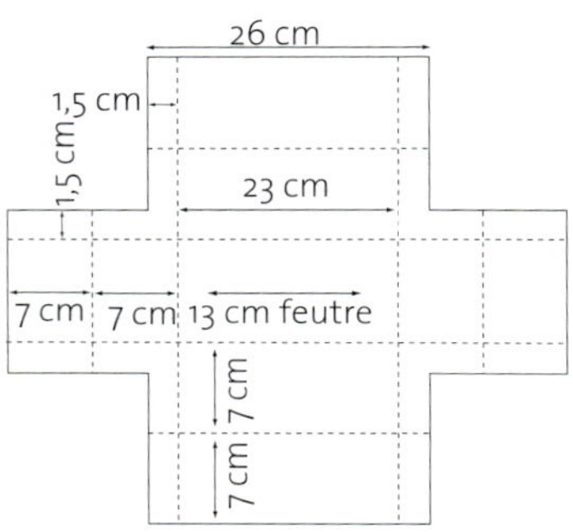

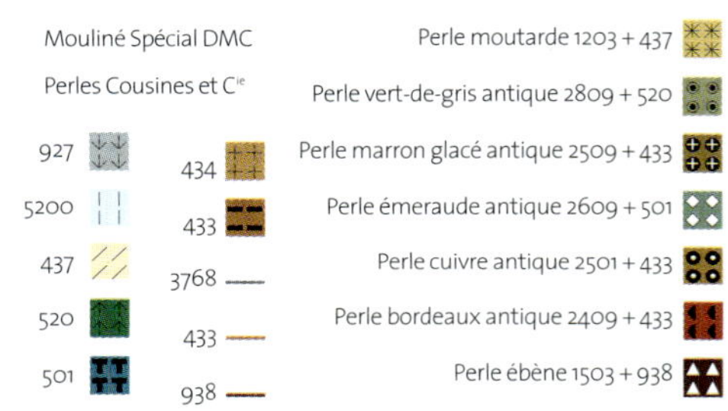

Marque-page écureuil

DIMENSION MOTIF :
25 points de large par 112 points de haut

FOURNITURES

- Fil Mouliné Spécial 25 DMC : blanc 3865, beige 437, marron clair 434, marron 433, vert clair 470, vert 469, vert 3051, marron très foncé 938,
- Perles à broder (les quantités sont indiquées entre parenthèses) : moutarde 1203 (4), vert-de-gris antique 2809 (55), marron glacé antique 2509 (8), bronze antique 2601 (33), cuivre antique 2501 (30), petite bordeaux 6408 (35), ébène 1503 (1)
- 40 cm de bande Aïda ivoire 6 points/cm et 23 points de large
- 50 cm de croquet en 0,8 cm de large
- 4 x 18 cm de bristol blanc

RÉALISATION

Plier la bande en deux ; commencer à broder par le haut.
Broder avec 2 brins de coton mouliné en suivant le diagramme et en centrant l'ouvrage dans la largeur de la bande. Broder au point arrière avec 1 brin, l'écureuil en 938 et les champignons en 433.
Broder ensuite les perles.
Faire un rentré de 0,5 cm aux deux extrémités. Faufiler le croquet sur un côté de la bande en commençant par la pliure du haut. Glisser le carton à l'intérieur et coudre les deux épaisseurs ensemble.

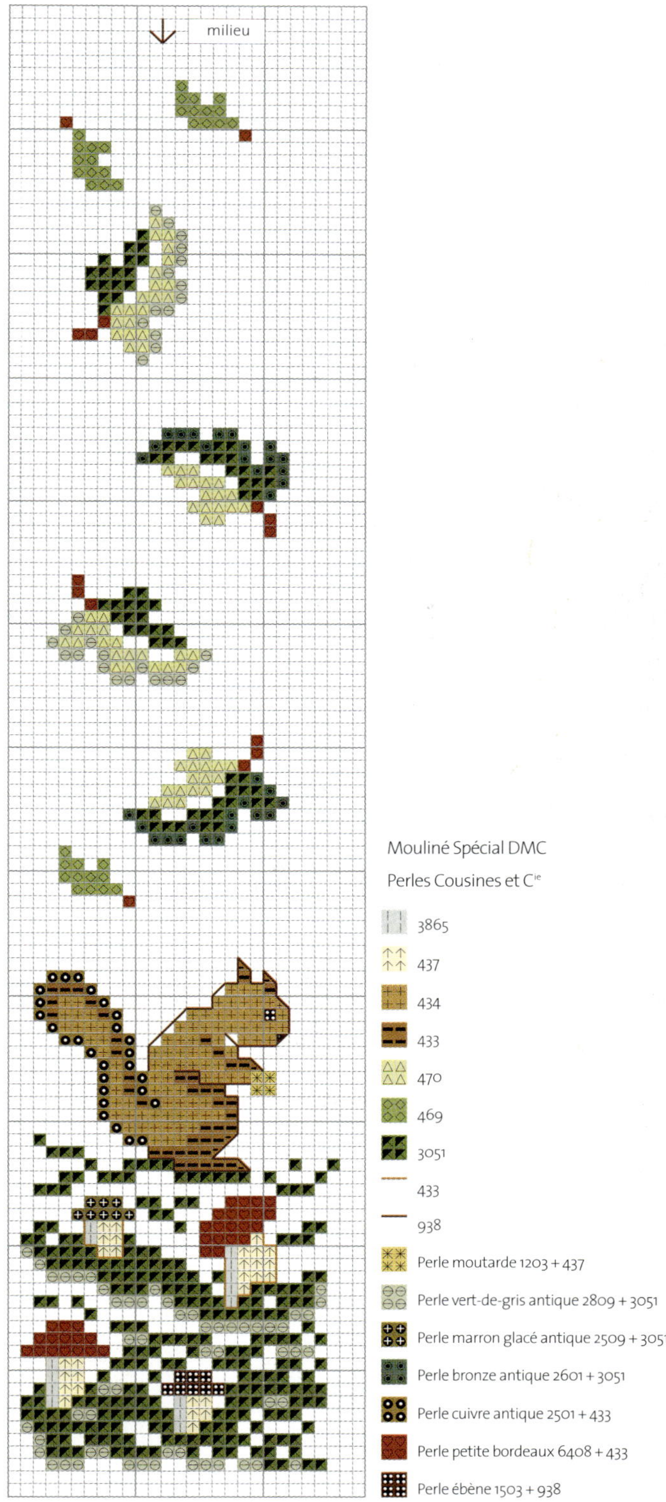

Au coin du feu

Bienvenue au chalet

DIMENSION : 196 points de large par 125 points de haut

FOURNITURES

- Fil Mouliné Spécial 25 DMC : bleu ciel 800, bleu-gris très clair 928, bleu-gris clair 927, bleu-gris 926, gris foncé 844, noir 310, blanc 3865, écru, beige 644, ocre 729, marron 436, marron 3862, marron foncé 839, rose 3771, rouge 816, vert clair 3013, vert 469, vert foncé 895, bleu-gris 926, gris 647, gris foncé 844, rouge 816
- Perles à broder (les quantités sont indiquées entre parenthèses) : plomb antique 2801 (27), noisette 1502 (138), olive 5609 (1400), prune irisée 1404 (636), ivoire irisée 4103 (360), menthe glaciale 2708 (75), vieil argent 5809 (15), ébène 1503 (50), petite verte 6609 (16), bleu nuit antique 2709 (37).
- 45 x 60 cm de toile de lin écrue 11 fils/cm
- 1 bouton-chaussure
- Colle blanche
- 30 x 43,5 cm de molleton
- 30 x 43,5 cm de carton
- 1 cadre

RÉALISATION

Surfiler le morceau de toile.
Broder avec 2 brins de coton mouliné en commençant par le milieu et en vous reportant au diagramme.
Broder au point arrière avec 1 brin :
- le tour des montagnes et le bidon de lait en gris 647,
- l'intérieur de l'horloge en marron 436,
- le chalet en marron 839,
- la vache, le fromage, le chamois, les aiguilles du cadran, le chapiteau, l'attache des poids de l'horloge en gris foncé 844,
- les herbes en vert 895,
- le pot à lait, l'assiette et le bol en rouge 816,
- les edelweiss en bleu-gris 926.

Broder ensuite les perles.
Repasser sur l'envers. Encadrer (voir explications, p. 8).

800	729	926	Perle plomb antique 2801 + 645
928	436	647	Perle noisette 1502 + 436
927	3862	844	Perle olive 5609 + 3011
926	839	436	Perle prune irisée 1404 + 816
647	3771	839	Perle ivoire irisée 4103 + écru
844	816	816	Perle menthe glaciale 2708 + 927
310	3013	895	Perle vieil argent 5809 + 645
3865	469		Perle ébène 1503 + 3862
écru	895		Perle petite verte 6609 + 895
644			Perle bleu nuit antique 2709 + 310

Mouliné Spécial DMC
Perles Cousines et Cie

Voir grille page 86

Bienvenue au chalet
A la neige
Boîte à Couture
F.M
O.M

milieu

milieu
chaussure

Boîte à couture

DIMENSION : 39 points de large par 39 points de haut

FOURNITURES

- Fil Mouliné Spécial 25 DMC : gris foncé 317, gris 415, blanc 5200, marron 420, beige 739, rouge 816, marron 436, vert 890 pour coudre les perles
- Perles à broder (les quantités sont indiquées entre parenthèses) : noisette 1502 (27), olive 5609 (76), prune irisée 1404 (119), ivoire irisée 4103 (80), perle 4101 (41)
- 25 x 25 cm de lin naturel 11 fils/cm
- 25 x 25 cm de tissu pour le dos
- 1 boîte à couture
- 8 cm de dentelle ancienne
- 3 boutons de nacre ancienne
- 1 bouton
- 1 « charme » ciseaux

RÉALISATION

Penser à adapter le morceau de lin à la dimension du couvercle de la boîte à couture.
Commencer à broder avec 2 brins de coton mouliné en commençant par le milieu et en vous reportant au diagramme.
Broder la bobine au point arrière avec 1 brin de marron 420.
Broder avec 2 brins :
- les chiffres du centimètre en gris 317,
- les écritures en blanc 5200,
- la tige des fleurs en marron 420,
- les épingles et le tour du centimètre en gris 317.

Broder les initiales en vous reportant à l'alphabet 3, p. 92.
Broder ensuite les perles.
Repasser sur l'envers. Tendre la broderie sur un carton (voir explications, p. 8).
Couper le tissu au gabarit du couvercle.
Collez-le au dos du couvercle pour obtenir une bonne finition.

415 | 739 | Perle noisette 1502 + 436
5200 | 816 | Perle olive 5609 + 890
420 | 420 | Perle ivoire irisée 4103 + 739
436, 890 pour coudre les perles

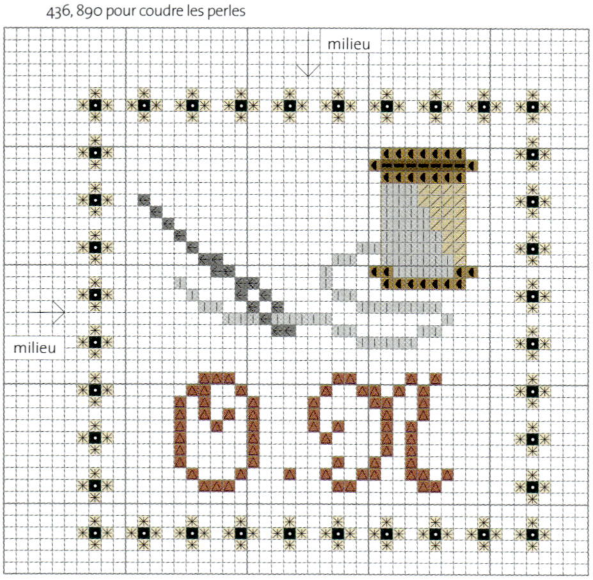

Mouliné Spécial DMC
Perles Cousines et Cie

Pique-épingles

DIMENSION :
39 points de large par 39 points de haut

FOURNITURES

- Fil Mouliné Spécial 25 DMC : gris 415, blanc 5200, marron 420, beige 739, rouge 816. Pour coudre les perles marron 436, vert 890
- Perles à broder (les quantités sont indiquées entre parenthèses) : noisette 1502 (27), olive 5609 (36), ivoire irisée 4103 (144)
- 12 x 24 cm de lin naturel 11 fils/cm
- 35 cm de ruban de satin écru
- 45 cm de croquet écru en 1,5 cm de large
- 50 g de ouatine

Mouliné Spécial DMC

Perles Cousines et Cie

- 317
- 415
- 5200
- 420
- 739
- 816
- 5200
- 420
- 317

436, 890 pour coudre les perles

- Perle noisette 1502 + 436
- Perle olive 5609 + 890
- Perle prune irisé 1404 + 816
- Perle ivoire irisé 4103 + 739
- Perle perle 4101 + 5200

Boîte à couture

RÉALISATION

Couper deux carrés de toile de 10,5 cm ; les surfiler.
Broder le motif avec 2 brins de coton mouliné en commençant par le milieu du diagramme.
Broder les côtés de la bobine au point arrière avec 1 brin de marron 420.
Broder les initiales en vous reportant à l'alphabet 3, page 92.
Broder ensuite les perles.
Poser le croquet tout autour du carré brodé vers l'intérieur du côté broderie.
Fixer dans un coin le ruban de satin plié en deux.
Coudre tout le pourtour en laissant une ouverture. Retourner. Repasser. Remplir avec la ouatine.
Fermer à petits points.

Bande « À la neige »

DIMENSION POUR UN CARRÉ :
33 points de large par 32 points de haut

FOURNITURES

- Fil Mouliné Spécial 25 DMC : blanc 5200, gris clair 927, jaune 3822, marron clair 436, marron 434, marron foncé 433, marron très foncé 938, gris foncé 3799, vert 320, vert foncé 890, orange dégradé 51, rouge 347
- Perles à broder (les quantités sont indiquées entre parenthèses) : petite perle 6101 (208), petite ivoire irisée 6109 (13), or transparente 3902 (34), rouge antique 2401 (111), menthe glaciale antique 2708 (44), noire 5803 (2), émeraude antique 2609 (39)
- 32 x 30 cm de toile de lin à carreaux 11 fils/cm (Graziano) (un carreau mesure 7,5 cm de côté)
- 32 x 30 cm de tissu beige
- 25 cm de bande de lin naturel en 2,5 cm de large pour les attaches
- 1 paire de skis miniatures de 11 cm de haut
- 15 cm de ruban bordeaux en 3 mm de large

RÉALISATION

Surfiler le haut et le bas de la bande.
Broder avec 2 brins de coton mouliné en commençant par le milieu du diagramme de chaque carré.
Broder les lettres au point arrière avec 2 brins de blanc 5200 et l'attache de la couronne en jaune 3822.
Broder ensuite les perles.
Couper la bande de lin en 2 pour faire les attaches.
Poser la broderie et le tissu endroit contre endroit sur le molleton. Centrer les pattes des attaches au milieu des carreaux de droite et de gauche. Coudre tout le pourtour sur la ligne de carreaux extérieurs en laissant une ouverture. Retourner. Fermer à petits points. Repasser.
Coudre le ruban bordeaux, la paire de skis et les bâtons.

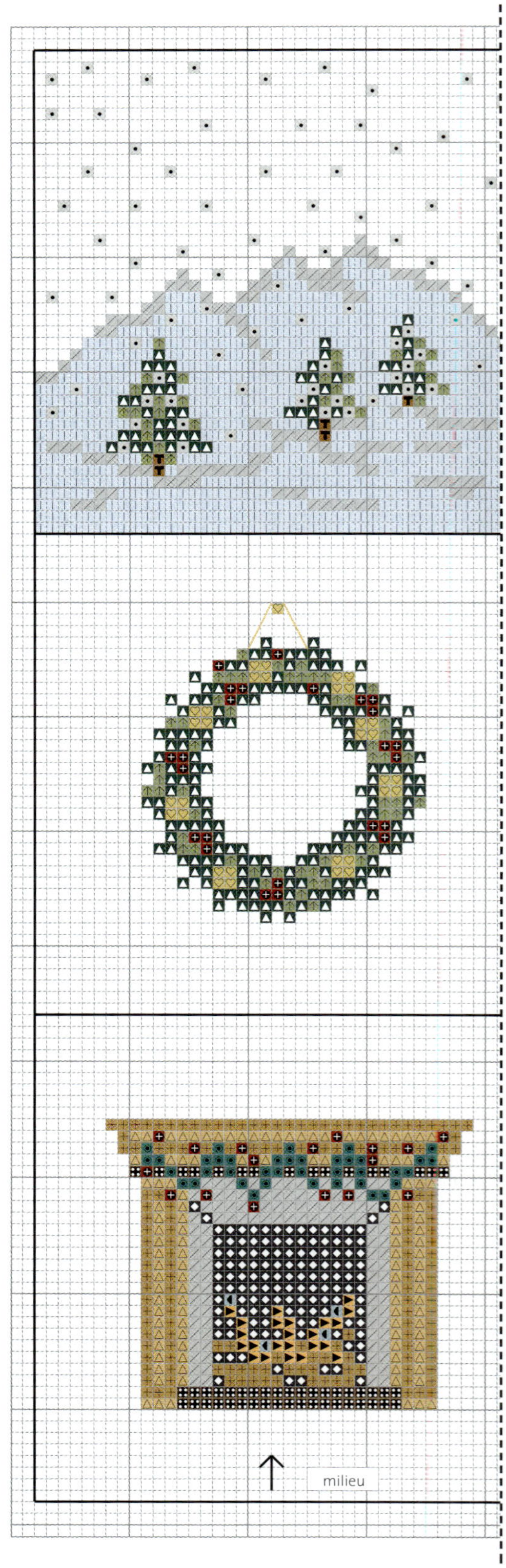

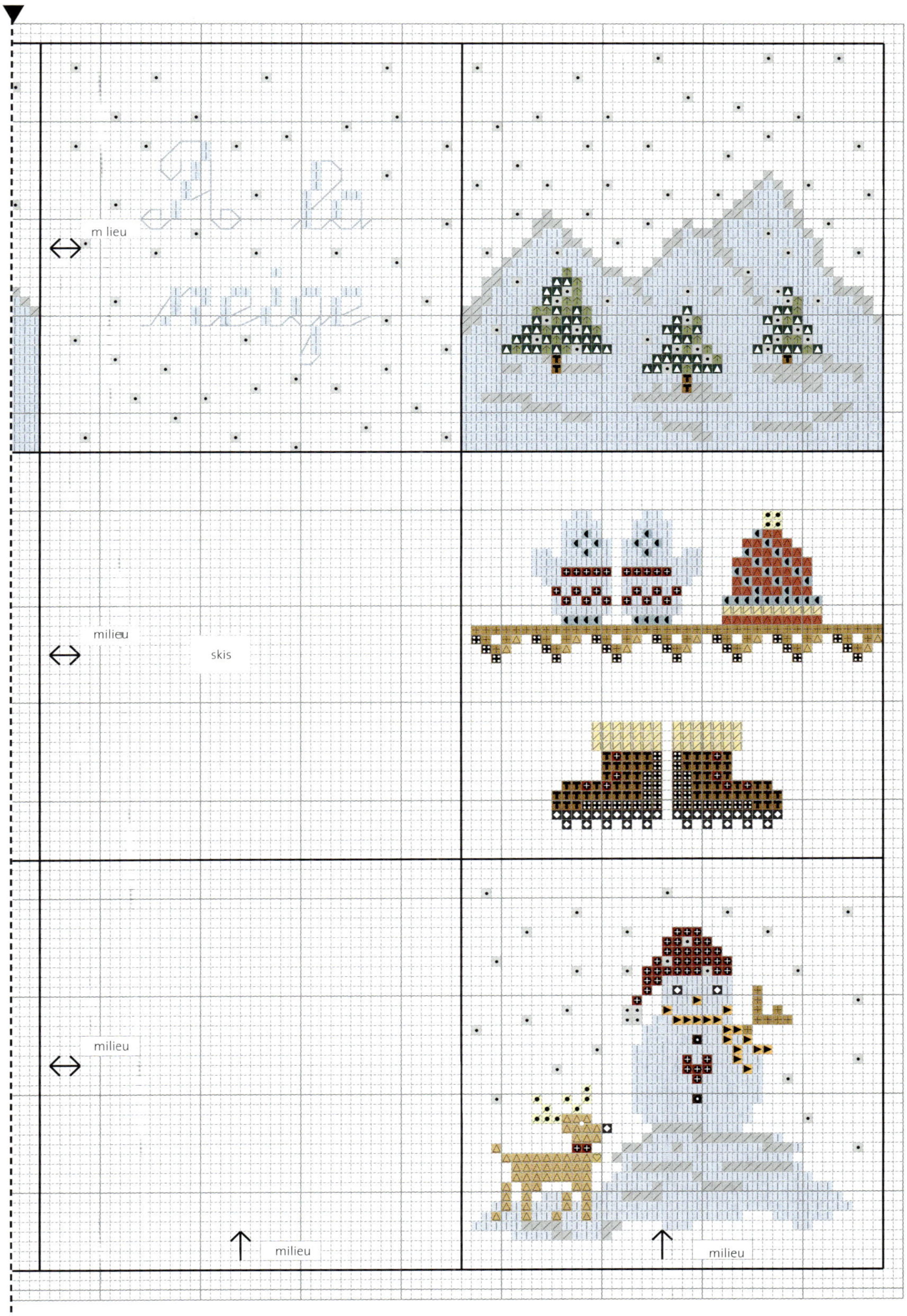

Mouliné Spécial DMC

Perles Cousines et Cie

- 5200
- 927
- 3822
- 436
- 434
- 433
- 938
- 3799
- 320
- 890
- 51
- 347
- 3822
- 5200
- Perle petite perle 6101 + 5200
- Perle petite ivoire irisée 6109 + 5200
- Perle or transparente 3902 + 3822
- Perle rouge antique 2401 + 347
- Perle menthe glaciale antique 2708 + 5200
- Perle noire 5803 + 3799
- Perle émeraude antique 2609 + 890

ALPHABETS

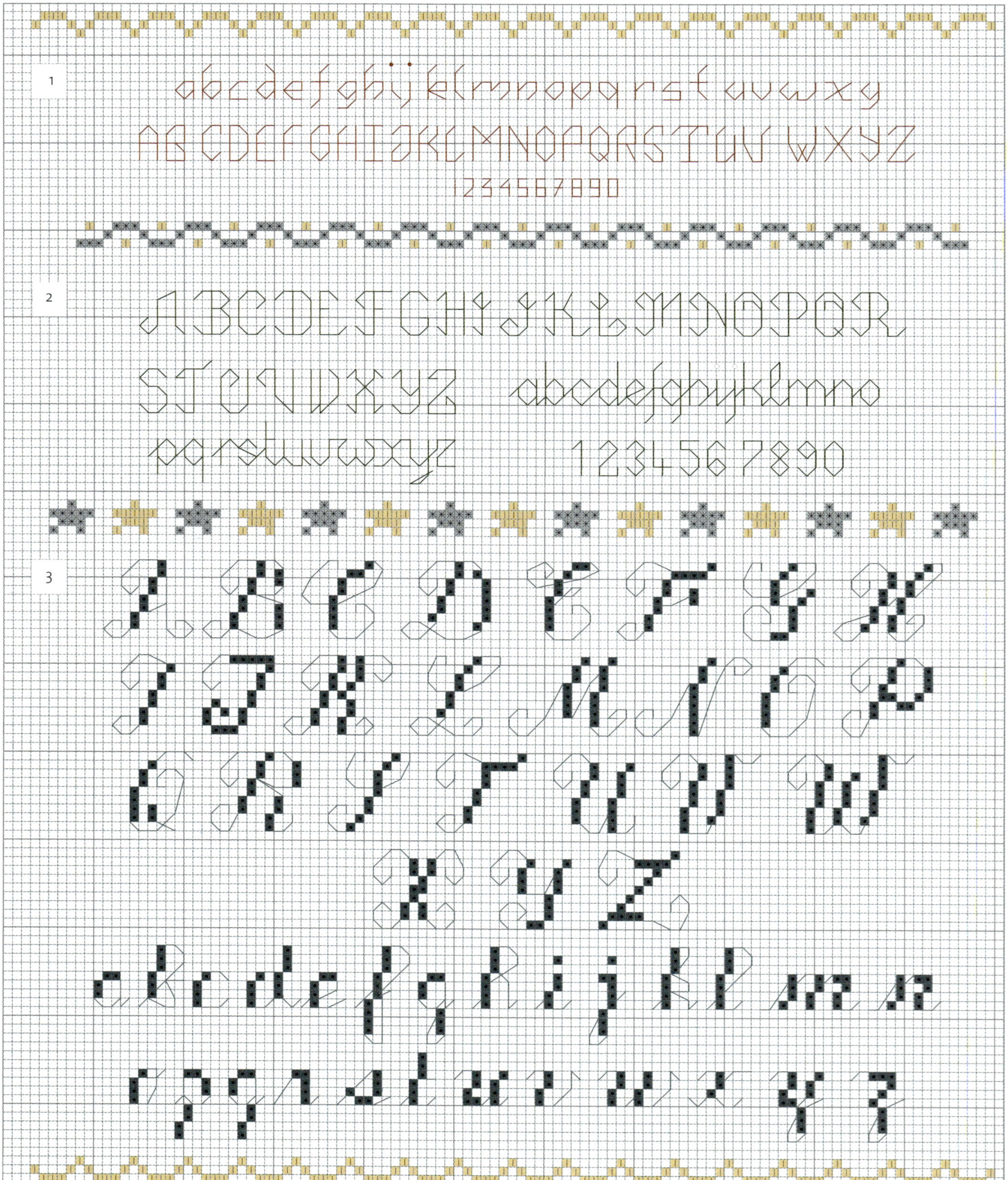

4

5

NUANCIER

Nuancier des perles à broder Cousines et Compagnie.

Aiguille à perles N°10	AIGU	Or antique *	2905	Bleu canard mat *	5709	Paprika	1207
		Marron glacé antique *	2509	Céladon cristal	3604	Cognac arc en ciel	3405
Petite or transparent *	6909	Cuivre antique *	2501	Turquoise cristal	3605	Mandarine irisé	4206
Petite or *	6901	Bordeaux antique *	2409	Jade irisé	4601	Pêche cristal	3205
Petite ivoire irisé *	6109	Rouge antique *	2401	Menthe	1603	Saumon irisé	4207
Petite perle *	6101	Emeraude antique *	2609	Tilleul	1605	Rose cristal	3304
Petite argent *	6908	Vert antique	2602	Vert pomme	1606	Rose dragée irisé	4305
Petite champagne rosé *	6308	Bronze antique *	2601	Epinard	1607	Rose irisé	4301
Petite turquoise cristal *	6709	Vert de gris antique *	2809	Emeraude	1608	Vieux rose	1302
Petite mauve arc en ciel *	6309	Menthe glaciale antique *	2708	Olive *	5609	Prune irisé	1404
Petite bordeaux *	6408	Arc en ciel antique	2904	Ebène	1503	Rouge	1401
Petite rouge *	6409	Bleu nuit antique *	2709	Marron	5509	Cerise	1402
Petite verte *	6609	Plomb antique	2801	Noisette	1502	Rubis	1405
Longue verte	7601	Pétrole irisé	4703	Moutarde	1203	Grenat	1403
Longue grise	7801	Bleu arc en ciel	4706	Tournesol	4204	Mauve arc en ciel	3305
Longue argent	7903	Bleu lavande irisé	4707	Poussin	3201	Lilas cristal	3303
Longue iris transparent	7102	Bleu pastel irisé	4708	Miel irisé	4202	Champagne rosé	3309
Longue ivoire irisé	7109	Ciel	1701	Ivoire irisé	4103	Argent transparent	3903
Longue or transparent	7902	Bleu cristal	3704	Opale	1102	Gris irisé	4802
Or transparent	3902	Bleu roi	3705	Perle	4101	Vieil argent *	5809
Or	2901	Marine	1702	Iris transparent	4900	Noir	5803

Nos perles à broder sont des perles de verre de taille 11/0, 15/0 ou 4/0 pour les perles françaises et ne sont pas toujours régulières. De même les couleurs peuvent avoir des nuances différentes selon le lot de fabrication. Les boîtes de perles contiennent environ 5 g : +/- 500 perles, entre 150 et 200 perles pour les « longues », réf. 700. Les couleurs suivies d'une * contiennent environ 2,5 g : +/- 500 perles pour les « petites », réf. 6000, +/- 250 perles pour les autres réf.

Site : www.cousines-et-cie.fr

Grille à photocopier pour vous aider à la personnalisation des diagrammes.